孙伟 著

经典如是说

治国卷

河南大学出版社
HENAN UNIVERSITY PRESS
· 郑州 ·

图书在版编目（CIP）数据

经典如是说．治国卷／孙伟著．—郑州：河南大学出版社，2017.6
ISBN 978-7-5649-2925-1

Ⅰ．①经… Ⅱ．①孙… Ⅲ．①国学－通俗读物 ②国家－行政管理－中国－古代－通俗读物 Ⅳ．① Z126-49② D691-49

中国版本图书馆CIP数据核字（2017）第147147号

责任编辑	范　昕
责任校对	王曼青
封面设计	翟淼淼

出版发行	河南大学出版社	
	地址：郑州市郑东新区商务外环中华大厦2401号	
	邮编：450046	
	电话：0371-86059750（高等教育与职业教育出版分社）	
	0371-86059701（营销部）	
	网址：www.hupress.com	
排　版	郑州市郑东新区大艺图文设计商行	
印　刷	河南瑞之光印刷股份有限公司	
版　次	2017年8月第1版	印　次　2017年8月第1次印刷
开　本	889mm×1194mm 1/32	印　张　7.875
字　数	205 千字	定　价　35.00 元

（本书如有印装质量问题，请与河南大学出版社营销部联系调换）

绪　论

中国自古而来的传统思想中饱含着家与国的关系。对于中国传统儒家思想而言，国家就是由一个个的家庭组成的结合体，而这一结合体的好与坏在很大程度上取决于家庭的好与坏。而家庭的好与坏则与个人的修养息息相关。因此，个人的伦理道德修养的优劣在很大程度上决定了一个国家治理水平的高下。这就是中国儒家所特有的伦理与政治结合为一体的思想。在这一思想的指引下，我们可以看到儒家的治国思想中有很多关于个人的道德修养问题，比如君主和官员的道德水平问题、廉政问题，等等。

不仅中国的儒家，放眼世界，我们会发现在西方文明的发源地古希腊，也同样有着伦理与政治相结合的倾向。苏格拉底认为最好的政府应当是经过民选而产生的，由贤能且富有知识的统治者组成，这种政府就被称之为 aristocracy，也就是贤人政制。苏格拉底认为，公民是生而平等的，都是城邦所生的子女，公民之间只有美德和智慧上的差异，并无其他优劣之分。因此，苏格拉底反对僭主制，认为它是根据政治地位和财产选拔管理者。在这点上，苏格拉底的贤人政制和孔孟荀所主张的以尧舜禹为代表的禅让王制非常类似。他们都主张让具有美德且有能力的人担任统治者，而这一统治者的产生并不是世袭得来的，而是通过民众的选举或推选产生的。柏拉图的政治理想和苏格拉底一样,都是要建立由哲学家担任统治者的国家(哲学王),也就是 aristocracy。统治者应当是具有良好品德的人,能够在统治中照顾最大多数人民的利益。对他们而言,一个国家的统治者本身就应该具有高尚的品德和过人的智慧。从个体修养的角度来说,个人的品德是与国家的政治紧密相连的。如果一个人本身是具有美德的,那么由他来统治国家就必然会造福于人民。因此,无论在西方古希腊哲学中,还是在先秦儒家哲学中,个体的伦理总是与现实的政治紧密相连。伦理与政治的一体化,是二者的一个重要共通点。

由于儒家的政治学是以其伦理学作为基础的,因此儒家政治学的根本要素就必然与伦理学紧密联系。比如儒家治国理念中的一个重要元素——礼,就具有这样的特点。礼首先不同于强制性的法律,它虽然是一种行为的规范,但它具有易风化俗、改良人心的特点。这就意味着,儒家的治国其实也就是在塑造人们的道德素质和行为。

当然,儒家也承认道德的设计未必能感动世道人心。在现实社会中,可能还需要更为强制性的法律制度和规章戒条来维持人们行为的底线。无论是早期儒家还是古希腊的哲人,对于理想政制的设计一直是他们哲学乃至政治学思想的核心内容。基于道德中心主义,二者都对理想政制的设计寄予了他们的道德伦理思想。对于早期儒家而言,这种理想的政制就是"王道";而对于古希腊的哲人来说,这种理想的政制就是"哲学王"。无论是"王道"还是"哲学王",他们都是在充满道德悲悯情怀的哲人那里所寄托的政治理想。然而,现实的政治和社会形势使得这些充满理想的哲人不得不考虑如何使这种政治理想在现实的层面上实现。这样,"王道"或许要通过"霸政"才能够得以实现,而"哲学王"如果在现实中难以实现,那么也必须要通过强调法治的制度才能实现稳定和谐的城邦。

当然，对于儒家来说，法律也并不是具有单一强制性功能的手段。比如荀子就认为，法不仅可以通过强制性手段迫使人们去按照法的规则行事，还可以将他们影响成为道德的人，从而使他们更加愿意遵循礼。荀子说：

上之于下，如保赤子，政令制度，所以接下之人百姓有不理者如豪末，则虽孤独鳏寡必不加焉。故下之亲上，欢如父母，可杀而不可使不顺。君臣上下，贵贱长幼，至于庶人，莫不以是为隆正；然后皆内自省，以谨于分。是百王之所以同也，而礼法之枢要也。（《荀子·王霸》）

这样，如果法律对所有人都公平并且保障他们的权益，它就能促使人们去反思并认识到稳定的社会分层会给他们带来实际的利益从而愿意自觉坚持法律和礼仪。起初，法似乎是一套控制人民行为的规范性法律。但是经过潜移默化的影响，人们将会被促使反省自己，而当他们认识到维护稳定社会秩序的重要性和由此带给他们的利益时，他们就会变得更讲道德。在这个意义上，法就拥有了与礼相似的道德转化功能。它也能影响人们，使之坚守礼仪原则并培养自己的道德。因此，从礼法的角度来说，荀子主张从人的内在德行素质的培养和塑造入手，进而为从事道德实践活动奠定基础。虽然他主张用外在的规则和规范来约束人们的行为和性情，但其最终还是为了人们德行的培养，而不是单纯的服从外在规范或规则。

目　录

第一章　治国思想的理论渊源 / 001

　　一、儒家的治国思想 / 003
　　二、道家的"无为而治" / 039
　　三、法家的法治 / 048
　　四、墨家的治国之道 / 053

第二章　治国思想的具体内容 / 059

　　一、民本思想 / 061
　　二、法治思想 / 082
　　三、廉政思想 / 099
　　四、赏罚思想 / 110
　　五、变革思想 / 128
　　六、修身与治国 / 137

第三章 治国思想的学习与实践 / 189

一、"学而知之" / 191
二、"思"与"虑" / 207
三、"正名" / 213

第四章 治国思想的具体应用 / 221

一、王霸兼用 / 223
二、忠与孝、法与情 / 230

参考书目 / 241

第一章
治国思想的理论渊源

治理国家的思想来源于中国自有史以来诸多思想家的著作和经典中,从这些著作和经典中,我们能够发现后世治国思想所依据的精神源泉和思想基础。下面我们就从中国古代治国思想最鼎盛的时代——春秋战国时期的诸子百家开始,对当时诸子百家的治国思想作一概略性的回顾。

一、儒家的治国思想

（一）仁政与礼治

在孔子的学说中，道德修养和国家治理是不能分开的。对孔子来说，为了建立一个秩序化的社会和仁爱的政府，国家的官员就必须要在日常的实践中学习道德。孔子说："为政以德，譬如北辰，居其所而众星共之。"（《论语·为政》）对孔子来说，如果一个统治者能用美德来统治一个国家，人们将会像众星拱月般拥护他。那么，这些美德是什么呢？孔子在解答从政所必需的五种美德——"五美"时说："君子惠而不费，劳而不怨，欲而不贪，泰而不骄，威而不猛。"（《论语·尧曰》）对孔子来说，一个官员只有能够遵循这些道德的要求，才能成为正直的人，他才能成为人们的榜样并用美德来引导人民。孔子说："政者，正也。子帅以正，孰敢不正？"（《论语·颜渊》）

孟子明确提出了"仁政"的理想，这是一个要求统治者和官员都培养自己道德的政府。孟子说："人有恒言，皆曰，'天下国家'。天下之本在国，国之本在家，家之本在身。"（《孟子·离娄上》）这样，自我就是家庭和国家的基础。在孟子看来，自我被道德修养转化着。道德修养的重要性不仅在于转化自我，更是维护社会秩序的基石。那么，为什么自我会在维护社会秩序的过程中发挥重要作用？这是因为国家就是由无数的自我组成的，这其中就包括了统治者、官员和人民。如果所有这些人都能自觉地进行道德培养，国家将会变得有秩序。否则，国家就会陷入混乱之中。

对荀子来说，最高水准的政策就是仁政，在这样的政策统治下，统治者的仁爱才会被施行到人民身上。荀子说："彼王者不然：仁眇天下，义眇天下，威眇天下。仁眇天下，故天下莫不亲也……"（《荀子·王制》）正是因为统治者对人民仁慈，人民才会爱统治者。所以，"仁"对荀子来说就必然包含"爱他人"的含义，正如孔子和孟子对"仁"的描述一样。荀子说，"彼仁者爱人，爱人故恶人之害之也……"（《荀子·议兵》）在荀子看来，不仅统治者应该变得仁慈，官员们也应该按照仁爱的标准来行事。（参见《荀子·君道》）然而，荀子也说："故尚贤使能，则主尊下安；贵贱有等，则令行而不流；亲疏有分，则施行而不悖；长幼有序，则事业捷成而有所休。故仁者，仁此者也……"（《荀子·君子》）对荀子来说，要求统治者施展仁爱于人民也许并不实际；事实上，真正实际的是去维护社会的等级差别和秩序，这也同样会使人民受惠。在荀子看来，这也是对人民实施的仁爱，因为人民的确能从这种规范化的社会秩序中受益良多。这样，与孟子相比，荀子关于仁政的观点实际上包含了更多现实的条件：一个统治者所维护的稳定社会阶层和阶级秩序也是对人民施加的仁爱。在这种情况下，即便一个统治者不能在短时间内培养自己成为道德完人，他也至少可以满足仁政的最低条件，而最高标准的仁政则可以留到以后去做。

对孔子来说，礼是维护良好社会秩序的工具。孔子希望将礼应用于构建统治者和臣民之间的理想等级秩序之中（参见《论语·颜渊》）。对孔子来说，统治者、臣子和普通民众都有各自在社会中充当的角色，这就意味着他们都有维护良好社会秩序的独特责任。他们不能僭越自己的职责，否则就会导致混乱和无序。对孔子来说，礼就像是规范每个人职责和活动的框架，用来保障良好的社会秩序。孔子说："非礼勿视，非礼勿听，非礼勿言，非礼勿动。"（《论语·颜渊》）礼是维持统治者和臣子、统治者和普通民众、父亲和儿子之间正常秩序的重要准则，没有这一重要准则，社会就会陷入混乱之中。

除此之外，礼不仅有规范我们应该或不应该做什么的功能，还能激发出内心的羞耻感（如果我们违背了它），这也会反过来将我们转化成为道德的人。孔子说："道之以政，齐之以刑，民免而无耻；道之以德，齐之以礼，有耻且格。"（《论语·为政》）

然而，对孔子来说，一个统治者即便不能在短时间内通过礼培养自己成为道德的人，他也至少可以通过礼来实现良好的社会秩序，而这也会惠及人民。事实上，对孔子来说，统治者或大臣即便不能按照礼的要求来行动，他们在某些条件下也可以被认为是仁爱的统治者或大臣。在《论语·八佾》中，孔子谴责了齐国的宰相管仲没有遵循"礼"。然而，在《宪问》中，孔子却又称赞管仲的"仁"，因为在他的治理下，人民避免了战争，并从管仲的谋略中得到了很多益处。孔子的确认为一个官员如果能够为人民带来实际的利益，他就可以被看作是"仁"，即便他在仁或礼的方面做得不是非常完美。我们在下面的讨论中可以发现，荀子在这一方面遵循了孔子的学说并且努力发展了它，然而孟子却忽视了孔子学说中的这一方面。

对孟子来说，仁政只在于统治者和臣民的道德修养。那么他们是怎样实现仁的道德理想并且爱他人如爱自己家人一样呢？这一过程是通过礼来完成的吗？对孟子来说，这不是通过礼来完成的。在选择遵循礼的要求还是亲手救自己的嫂子之间，孟子认为一个人应该选择后者，因为救助生命要比遵循礼制更加重要，也更加"仁"。（参见《孟子·离娄上》）

孟子只是通过对统治者进行道德规劝来促使统治者为仁，并施展自己的仁爱于人民身上。实际上，在战国中后期的局势下，这一途径被证明是无效的。如前所述，期待统治者成为道德领袖并不现实,而通过道德的内在吸引力来引导人们走向道德之路则更不现实。道德本身并不能吸引人们来遵循它,热爱它。更重要的是,道德需要依靠外在的制度力量才能促使人们走向道德之路。比方说,通过遵循礼这一制度,人们能够获得社会普遍的赞赏,这就能进一步促使人们走向道德之路。而孟子对礼的道德功能的贬低使得仁政的实现毫无希望。这正如史华兹教授深刻指出的:"孟子向他那个时代的统治者作了如下说教:要与他们自己心中的善的根源保持接触。但这些似乎全都是无用的,只能使得不同情这种学说的人们确信:儒家几乎完全脱离了现实。"[1]

对荀子来说,仁政不仅在于施加给人民仁爱,更有正常的社会秩序和稳定的等级结构。荀子认为正常社会秩序的实现是实现仁政的第一步也是最重要的一步。为实现正常的社会秩序,荀子将礼看作是最重要的工具。荀子说,"故先王案为之制礼义以分之,使有贵贱之等,长幼之差,知愚能不能之分……"(《荀子·荣辱》)。对荀子来说,礼能够通过划分不同的社会阶层而维持正常的社会秩序。在荀子看来,社会中的所有人都有自己对物质利益的追求。如果所有人都毫无节制地追求自己的欲望,社会将陷入混乱之中。基于此,圣王建立了礼来区分不同的社会阶层,从而使不同阶层的民众都能根据他们自己阶层的需求来追求不同的事物。所以,一旦人民都能按照礼来行为,不追求超出他们阶层需求以外的东西,国家就会变得有秩序。我们可以看出,荀子并不期望一个统治者能在短时间内变得足够仁爱从而把对自己家庭的爱延展给他人,实际上,即便统治者不能这样做,他也能成为一个好的统治者。一旦他能运用礼来统治,他的政府就能成为一个好的政府。

---

[1] [美]本杰明·史华兹:《古代中国的思想世界》,程钢译,江苏人民出版社,2004年版,第327页。

尽管荀子强调礼作为一种实现良好社会秩序的重要工具，而在这个意义上，礼至少可以实现最低标准的仁政，但他也并没有忘记礼所能带来的道德修养，而这也是实现最高层次仁政的必要途径。荀子说，"古者先王分割而等异之也，故使或美或恶，或厚或薄，或佚或乐，或劬或劳，非特以为淫泰夸丽之声，将以明仁之文，通仁之顺也。"（《荀子·富国》）所以，在荀子眼中，礼仪形式就是仁的"文"，而仁就是儒者所追求的道德修养的最终目的。对荀子来说，礼不同于仁，礼是实现仁的具体方式。礼要求一个人按照某种正式而带有规范性的规则来行动，这些规则呈现为外在的礼仪形式和模式，然而仁则要求一个人去爱别人正如爱自己的家人一样。那么为什么在实现仁的过程中必须礼的参与呢？原因在于礼的具体外在形式更容易被遵循，而仁则是更高一级的、较为抽象的道德要求，较难为人民理解和遵循。荀子说："仁者好告示人。告之、示之、靡之、儇之、鈆之、重之，则夫塞者俄且通也，陋者俄且僩也，愚者俄且知也。"（《荀子·荣辱》）对荀子来说，只有仁被呈现为礼，它才能被效仿、实践并最终得以实现。这也就是说，荀子并不认为道德具有的内在魅力大到能够足以吸引人们走向道德之途的能力；实际上，道德只有依靠礼的呈现和规定，才能被模仿和实践。如果道德领袖不能使得人们意识到道德自身的吸引力，那么就要依靠礼的力量来实现道德。

我们也许会疑惑为什么人民会愿意被礼所引导。荀子认为，如果每个人都能遵循礼的要求，就能给他们和其他所有人民带来实际利益。举例来说，如果所有人都能在他们的日常生活中遵循礼，他们就不会互相争斗，而这就会给整个社会带来和平。事实上，在荀子看来，首先是礼的规范性功能约束了人们的行为举止，但是之后礼所带来的社会影响使得人们相信礼能够为他们带来利益，从而愿意遵循礼。随着时间的推移，他们的本性将成为道德的。如果这种规范性的礼只能给统治者或那些上层阶级的人带来私利,人们将不会接受这种引导,即便它长时间地作用于人们头上。事实上,在这种情况下,他们甚至会推翻这种规范性的礼。所以,对荀子来说,规范性的礼之所以能够实现仁的原因在于人们最终意识到礼能够为他们带来长远的利益。

作为政府的一种工具,礼与刑罚在《论语》的一个著名篇章中以相对立的姿态而存在。孔子说:"道之以政,齐之以刑,民免而无耻;道之以德,齐之以礼,有耻且格。"(《论语·为政》)对这个篇章的通常解读是:刑罚只能迫使人们去依据法律行事,但却不能引发内在的羞耻感。这样,尽管刑罚在控制犯罪和保障生活安宁方面发挥着重要作用,却与道德修养无关。如果人民对一种罪行不感到羞耻,他们也许会再一次触犯这种法律,假设他们认为他们可以逃脱的话。但另一方面,如果以礼来引导人们,他们就会对恶行产生深深的羞耻感,这样他们就不会再次犯罪,即便当这种罪行不可能被发现时。这样,对孔子来说,法律和刑罚在引导人们进行道德修养、成为仁爱的人,从而保持良好的社会秩序方面不如礼有用且有效。因此,在统治中应用礼并最终放弃使用刑罚就是孔子所希望的。孔子说:"听讼,吾犹人也,必也使无讼乎!"(《论语·颜渊》)在孔子看来,礼应当优先于刑罚,没有礼的约束,刑罚就可能被滥用。孔子说:"礼乐不兴,则刑罚不中;刑罚不中,则民无所措手足。"(《论语·子路》)

尽管孔子在统治国家和道德修养中强调的是礼而不是刑,但他似乎也为刑在统治国家方面保留了空间,有时甚至是作为一种实现仁的方式。正如以前所讨论过的,孔子称赞管仲为仁,因为后者曾给人民带来很多利益。尽管孔子并没有明确地描述管仲是怎样实现这一结果的,在《管子》一书中却有一些线索说明了这一过程。在《任法》这一章,我们读到这样一段话:

> 圣君任法而不任智,……周书曰:国法,法不一,则有国者不祥。民不道法则不祥,国更立法以典民则祥,群臣不用礼义教训则不祥。百官伏事者离法而治则不祥。故曰:法者,不可恒也。存亡治乱之所从出,圣君所以为天下大仪也。(《管子·任法》)

这样,管仲就将"法"强调为一种维护良好社会秩序的重要原则。由此,孔子之所以赞扬管仲为仁的原因也许在于管仲曾经推行一系列政治策略(包括法律)来维护秩序化社会。在这个意义上,即便孔子没有将"法"抬到很高的地位(因为它并没有道德转化的功能),但他也似乎同意管仲的策略,即"法"至少在维护秩序化社会和实现仁政的效果上是有用的。

在这个地方似乎有一些矛盾,因为孔子相信刑和法与道德修养无关。在这里,我们应当注意到孔子从来没有认为管仲进行了道德修养来成仁,尽管他的统治策略确实使人民受益。管仲被称作仁的原因在于他的统治方略的效用扩大了人民的利益,而不是他自己本身被"法"道德地转化。对孔子来说,"法"不能为一个人带来道德转化,但是它可以产生一些仁政所能带来的效用。

对儒家来说,将道德修养和国家统治结合在一起的理想模式就是古代的圣王,通常被界定为尧、舜和禹。孔子说:"大哉,尧之为君也!巍巍乎!唯天为大,唯尧则之。荡荡乎!民无能名焉。巍巍乎!其有成功也;焕乎其有文章!"(《论语·泰伯》)在孔子看来,只有古代的圣王尧才能效仿天这一最高的道德权威。尧已经取得了如此辉煌的功绩,因此我们要在现在的统治中模仿他。除了尧,舜和禹也都为孔子所推崇。(参见《论语·泰伯》《论语·卫灵公》)孔子说道:"巍巍乎!舜禹之有天下也,而不与焉。"(《论语·泰伯》)事实上,不仅古代的圣人如尧、舜和禹应当被效仿为模范,而且后代的君王如周文王和周武王也应该被效仿。孔子曰:"文王既没,文不在兹乎？天之将丧斯文也，后死者不得与于斯文也；天之未丧斯文也，匡人其如予何？"（《论语·子罕》）在这种情况下，孔子认为周文王是周文化的开创者，而他自己则是这种文化传统的跟随者。在评论孔子生平所学时，他的学生子贡说道："文武之道，未坠于地，在人。贤者识其大者，不贤者识其小者，莫不有文武之道焉。夫子焉不学？而亦何常师之有？"（《论语·子张》）在学生子贡的眼中，孔子向任何拥有文王和武王之道的人学习，无论他们的修行高还是低。在这个意义上，孔子自己尽力学习文武之道并将文武之道延至后代。孔子坚持文武之道的原因在于文王和武王创造并遵循了周代的文化传统，在其中，周礼是最重要的内容。孔子特别强调了周代的文化传统。他说："三分天下有其二，以服事殷。周之德，其可谓至德也已矣。"（《论语·泰伯》）"周监于二代，郁郁乎文哉！吾从周。"（《论语·八佾》）对孔子来说，尽管尧舜禹的统治可以被仿效为道德和治理模范，但恢复周代的文化传统对他的那个时代而言似乎更加重要和迫切。为什么会如此呢？孔子说："殷因于夏礼，所损益可知也；周因于殷礼，所损益可知也；其或继周者，虽百世可知也。"（《论语·为政》）在孔子看来，周礼与夏礼和殷礼并不相同。事实上，夏礼传到殷朝时就发生了变化，而殷礼在传到周代时也在某种程度上被增加或减少了。这就是说，殷礼应当根据周代的现实来加以修改而不应该永久保持不变。在这个意义上，周礼也应当根据未来时代的现实来变化。然而，在孔子看来，增加或减少的根据在先前的传统。这就是说，即便周礼应当根据未来时代的现实来加以变化，这种修正还是停留在表面的层次上而主体仍然是由周礼组成。正是在这个意义上，孔子认为在可以想见的未来，政治体系仍然应基于周礼。

尽管孔子认为周礼应当在未来加以修改，但他认为周礼是最好的政治和文化系统。在这个意义上，他将周礼认定为最佳的治理模式。孔子说:"夫召我者而岂徒哉?如有用我者,吾其为东周乎?"(《论语·阳货》)这样,孔子希望在他的时代恢复周代的传统和文化。孔子的观点似乎很适合他的那个时代。在春秋晚期,所有的国家都忙于互相进攻,导致社会的无序和混乱,正所谓"礼崩乐坏"。在这种情况下,孔子希望重建周代的传统和文化来平息他那个时代的混乱和无序。

与孔子类似,孟子也崇仰前代圣王尧和舜。孟子说:

离娄之明、公输子之巧,不以规矩,不能成方圆;师旷之聪,不以六律,不能正五音;尧舜之道,不以仁政,不能平治天下。今有仁心仁闻而民不被其泽,不可法于后世者,不行先王之道也。故曰:徒善不足以为政,徒法不能以自行。《诗》云:"不愆不忘,率由旧章。"遵先王之法而过者,未之有也。(《孟子·离娄上》)

在孟子看来,先王(尧和舜)应该在当前的治理中被模仿。对孟子来说,仁政不只在于一个圣王所拥有的仁心和声望,而且还在于先王所创造的治理之道。在这个意义上,孟子主张"善"(即仁心)与"法"(即先王之道)的结合。除了尧舜以外,文王和武王也被崇仰为圣王。(见《孟子·公孙丑上》,《孟子·滕文公上》)在孟子看来,文王和武王可以被称为"后圣"。孟子说:

舜生于诸冯,迁于负夏,卒于鸣条,东夷之人也。文王生于岐周,卒于毕郢,西夷之人也。地之相去也,千有余里;世之相后也,千有余岁。得志行乎中国,若合符节,先圣后圣,其揆一也。(《孟子·离娄下》)

在孟子看来,像舜一样的先王和周文王一样的后圣在治理方式上都是一样的。这样，尽管孟子坚持先王和后圣之道，但他并不认为后圣之道是对先王之道的发展或修正。对孟子来说，后圣遵循着先王的步伐，没有分毫的改变。孟子关于先王与后圣的观点看上去要比孔子的更加保守：孟子强调先王之道和后圣之道的一致，而孔子则至少承认了对先王之道的修正。对孟子来说，后圣不需要改变已然是最好的统治策略的先王之道。

在荀子的语境中，先王之道应当在治理国家时被效仿。荀子说：

今以夫先王之道，仁义之统，以相群居，以相持养，以相藩饰，以相安固邪？以夫桀、跖之道，是其为相县也，几直夫刍豢稻粱之县糟糠尔哉！（《荀子·荣辱》）

在荀子看来，先王之道在于仁义的道德原则，正如以前提到的，这是儒家关于道德修养和国家治理的原则。实际上，对荀子来说，不仅仁义，而且礼也是维护秩序化社会的重要原则。荀子说：

故先王案为之制礼义以分之，使有贵贱之等，长幼之差，知愚能不能之分，皆使人载其事而各得其宜，然后使悫禄多少厚薄之称，是夫群居和一之道也。（《荀子·荣辱》）

对荀子来说，只有将仁、义、礼的道德原则应用于国家治理之中，国家和社会才能够维持稳定。在这个意义上，我们应当坚持遵循先王之道，只有如此才能建立一个秩序化的社会和国家。

对荀子来说，"凡言不合先王，不顺礼义，谓之奸言"。（《荀子·非相》）在这个意义上，荀子批评了一些当时的学者没有遵循先王之道。荀子说：

不法先王，不是礼义，而好治怪说，玩琦辞，甚察而不惠，辩而无用，多事而寡功，不可以为治纲纪；然而其持之有故，其言之成理，足以欺惑愚众，是惠施、邓析也。(《荀子·非十二子》)

实际上，在荀子看来，即便一些学者，如子思和孟子，能够遵循先王之道，他们也只支离破碎地继承了这种原则而并没有真正地理解它的主导性原则(参见《荀子·非十二子》)。对荀子来说，这些学者也应当被批评。

既然对荀子来说先王之道如此重要，那谁可以被界定为先王呢？荀子认为古代的圣王如尧舜为先王。荀子说："先王之道，则尧舜已。"(《荀子·大略》)也许有人会认为在这里有一个矛盾的地方：既然先王只是尧和舜，那荀子为什么要宣称只是先王创造了礼呢？(参见《荀子·礼论》)难道不是周文王和周武王创造了周礼并传之后世吗？为了回答这个问题，我们首先应当追溯礼的起源。

事实上，礼在尧和舜时期已经存在了，它通常表现为祭拜上帝、神灵或天的礼仪形式。我们可以在这一时期的文献中发现一些证据："肆类于上帝，禋于六宗，望于山川，遍于群神。"(《尚书·尧典》)这似乎说明，礼在尧舜时期就已存在，但这是否说明礼是由尧舜创立的呢？未必。在《史记·五帝本纪》中我们看到这样一段话：

帝颛顼高阳者，黄帝之孙而昌意之子也。静渊以有谋，疏通而知事；养材以任地，载时以象天，依鬼神以制义，治气以教化，絜诚以祭祀。(《史记·五帝本纪》)

这段话说明，以祭祀为主的礼很可能在尧舜之前的颛顼时代就已创立。[1] 但由于尧舜在先秦时代的影响力，荀子非常有可能假定尧舜就是创造礼并将之传于后世的先王。对荀子来说，尧舜是创造礼的古代先王，而周文王和周武王跟随着这一传统并将之系统化为一套体制。所以，与孔子和孟子相比，虽然他们都坚持先王之道，也就是尧舜之道，但荀子的重点是不一样的：孔子和孟子都关注于他们的德行，如仁和义，而没有提及他们在创建礼制方面的贡献；荀子则不仅强调了尧舜的仁和义，更突显了礼，这显示了荀子对礼在建构良好社会秩序和转化道德方面的重视。这样，荀子不仅遵循了孔孟关于先王的学说，而且将之发展成为体现礼的重要性的学说。然而，荀子并不满意孟子关于后王的学说，力图纠正其中的问题。

荀子坚持周文王和武王之道。他说："汤以亳，武王以鄗，皆百里之地也，天下为一，诸侯为臣，通达之属，莫不从服，无它故焉，以济义矣。是所谓义立而王也。"（《荀子·王霸》）所以，商汤和周武王能够被称为真正的"王"。在另外一篇讨论圣王的篇章中，荀子说："文王诛四，武王诛二，周公卒业，至于成王，则安以无诛矣。"（《荀子·仲尼》）可见，在荀子看来，周文王和周武王，甚至周公和周成王都可以被认作是圣王。

让我们再看一段《荀子》中的重要篇章：

辨莫大于分，分莫大于礼，礼莫大于圣王；圣王有百，吾孰法焉？故曰：文久而息，节族久而绝，守法数之有司极礼而褫。故曰：

---

[1] 事实上，确实非常难以确定礼被创制的具体年代，礼作为一种在原始社会中崇拜神灵的宗教仪式，甚至可能在尧舜之前就已经存在。关于礼的起源，可参见，梁启雄：《韩子浅解》，第1卷，中华书局，1960年版，第74页；王启发：《礼学思想体系探源》，中州古籍出版社，2005年版，第11～14页。

欲观圣王之迹，则于其粲然者矣，后王是也。彼后王者，天下之君也；舍后王而道上古，譬之是犹舍己之君，而事人之君也。故曰：欲观千岁，则数今日；欲知亿万，则审一二；欲知上世，则审周道；欲审周道，则审其人所贵君子。故曰：以近知远，以一知万，以微知明，此之谓也。(《荀子·非相》)

从这段篇章中，我们可以知道荀子所指的后王是指周文王和周武王。对荀子来说，如果要知道先王如尧舜的道，人们就需要查看后王如周文王和周武王的道。然而，如果想知道周文王和周武王的道，人们就需要查看后代君子的道，比如说孔子和子弓[1]，他们更加接近于荀子的时代，也对周文王和周武王的道有着很好的把握。

通过阅读这一篇章，我们可以得到另外一个结论：对荀子来说，尽管是尧舜这样的先王创造了礼，我们也不能准确地知道礼在古代是什么样子，以及它在何种程度上能够适应当前的时代。这样，荀子认为后王之道，也就是礼，是先王之道最完整也是最明白的呈现。对荀子来说，尽管我们可以认为尧舜甚至更早以前的先王是创造礼的始祖，但我们只需要考察后王中的礼就可以了，因为它已然包含了古代的礼并将之发展到了成系统的层次。为学习古代的礼，考察后王中的礼要更加便利和有效。在这个意义上，荀子批评了当时的一些"俗儒"：

故有俗人者，有俗儒者，有雅儒者，有大儒者。不学问，无正义，以富利为隆，是俗人者也。逢衣浅带，解果其冠，略法先王而

---

[1] Knoblock's note 63. ("Meaning Confucius, Zigong, and Xunzi himself, who carried on their tradition") in John Knoblock, *Xunzi : A Translation and Study of the Complete Works*, Stanford University Press, Vol.1, p. 297.

足乱世术，缪学杂举，不知法后王而一制度，不知隆礼义而杀诗书。（《荀子·儒效》）

"俗儒"的缺点就在于他们只用一般的方式遵循古代的礼，只去关注古代传给他们的文献，然而忽略了后王所创造的礼，也就是周礼。那么，对后王应持一种怎样的态度呢？荀子说：

法后王，一制度，隆礼义而杀诗书；其言行以有大法矣，……是雅儒者也。法后王，统礼义，一制度；以浅持博，以古持今，以一持万；苟仁义之类也，虽在鸟兽之中，若别白黑；倚物怪变，所未尝闻也，所未尝见也，卒然起一方，则举统类而应之，无所儗怍；张法而度之，则晻然若合符节：是大儒者也。（《荀子·儒效》）

很明显，后王是雅儒和大儒需要效仿的对象。但为什么后王会如此重要呢？荀子认为儒者的理想典范就是一个不仅能够遵守先王之道，而且擅长将之改变并适应于他们所生活的时代。他说："其言有类，其行有礼，其举事无悔，其持险应变曲当。与时迁徙，与世偃仰，千举万变，其道一也。是大儒之稽也。"（《荀子·儒效》）

这样，作为一个大儒，他必须能够将先王之道付诸他自己生活的时代中去，同时，他必须紧紧把握住先王之道本身。只有用这种方式，他的学说才能与他生活的时代相符，而他的学说也才能被认为是儒家学说。

与孟子相比，荀子强调了礼在维护社会秩序和仁政中的政治重要性。这是荀子为什么坚持后王之道，也就是周天子之道的原因，因为周礼是古代对礼最系统的总结。对荀子来说，只有周礼被充分地应用于国家治理中，一个国家才会保持稳定，社会才会走向和谐。同时，尽管孔子和子弓并不是后王，他们也应该被后代效仿，因为他们的知识传统已经包含了后王之道并在某种程度上发展了它。与孟子对礼的政治和社会功能的贬低相比,荀子对礼的强调更能适应于他的那个时代,因为一个混乱的时代当然需要依靠一些规范性的原则而不是只依靠道德来平息混乱的局面。这样,荀子针对他的时代,通过他关于法后王的学说提出了一种现实的政治策略来解决孟子在礼这个层面的问题。值得注意的是荀子所主张的儒家之道和政治策略是他在先前儒家之道基础上的发展和完善,而不是对孔子学说的照搬。在荀子看来,只有遵循着将理论结合现实、礼结合法、王结合霸的思路,一个国家才能变得有秩序,而仁政才能最终实现。

(二)儒家的"义"

孔子认为"义"是一种人人都需要具有的内在美德。"君子义以为质,礼以行之,孙以出之,信以成之。君子哉!"(《论语·卫灵公》)对孔子来说,"义"这种内在美德还需要通过人的身体力行才能得以践行和完成。

非其鬼而祭之,谄也。见义不为,无勇也。(《论语·为政》)
德之不修,学之不讲,闻义不能徙,不善不能改,是吾忧也。(《论语·述而》)
主忠信,徙义,崇德也。(《论语·颜渊》)
吾见其人矣,吾闻其语矣。隐居以求其志,行义以达其道。(《论语·季氏》)

内在的品德通过外在的行为得以实现和展现,而外在的行为也在客观上丰富了内在品德的内涵和外延。通过这种内在和外在的相互补充和展现，人的行为才能逐渐符合道德的要求。

除了内在道德的含义以外，"义"在《论语》中还有另外一种含义，这就是君臣上下的等级与相应的责任关系："不仕无义。长幼之节，不可废也；君臣之义，如之何其废之？欲洁其身，而乱大伦。君子之仕也，行其义也。道之不行，已知之矣。"（《论语·微子》）"义"在这里似乎指的是君臣之间的上下等级与责任关系。君主应当用公正和信任的态度来对待臣子，臣子也应当用忠诚和坦荡来回报君主。内在于这种看似一种道义的关系背后，隐藏的实际上是一种上下的等级和责任关系。臣子对君主负有忠诚的责任，在任何情况下都不能背叛君主；君主也要按照礼节与等级的规范对待臣子，而不可随意使唤臣子。

孟子认为"义"是一种内在的美德。孟子说："羞恶之心，义之端也。"这就是说，"义"的最初萌芽就是在内心中，随着这一羞恶之心的发展和成熟，"义"这一内在美德才得以完成和确立。事实上，有羞耻之心，正说明一个人对自己所做的事会有一个普遍的，能为大多数人所接受的社会标准。这种标准看似是个人内心所自然拥有的一种标准，实则是社会所约定俗成的标准。一个人在幼年可能不会形成这种羞耻之心，比如在一个公众场合私自拿取食品。在拿取这些食品时和之后，他并不会产生所谓的羞耻之感。只有当大人告知他这种行为不对时，他才会对自己的行为产生羞耻之心。而大人的价值观标准显然是由社会长期的熏陶才会形成，没有这种长期的、既定的价值观塑造，任何人的行为都不可能符合"义"的标准。从这个角度上说，孟子所认为的"义"在原初的意义上显然应该是外在的，而不是内在的。当然，随着社会标准的逐渐内化，人会在成长过程中逐渐形成自己的一套价值标准，这样，"义"就会成为内在的。所以，"义"本身就具有内在和外在两种属性，是随着人的社会化和被教育过程逐渐演化过渡的。单纯地讨论"义"是内在还是外在是没有意义的。但是，孟子所认为的"义"的最初萌芽是内在的说法，似乎已经被现代人类行为学的经验事实所否定。人在幼年时期如果没有外在教育的介入，是很难产生道德——"义"的萌芽的。孟子的这一论断只是一种美好的理论预设。因为在他看来，如果没有这一理论预设，也就是说，如果没有道德的种子，那便不会有后来长成的大树。但事实上，这颗道德的种子也未必是人生来就具有的，更有可能是由外力播撒的结果。

孟子强调的是内在之心的成熟和发展，这一成熟和发展的过程与外在的实践也有着密切联系。孟子说："言非礼义，谓之自暴也；吾身不能居仁由义，谓之自弃也。仁，人之安宅也；义，人之正路也。"（《孟子·离娄上》）在孟子看来，"仁"似乎是人的心灵停泊和栖息的温暖的家，只有拥有这样一个家，才能使得人在处理各种社会关系时能够有依据和保障。"义"似乎是人在家庭外面处理各种社会关系时所应该遵循的正确标准，只有遵循这种正义的标准，人才能以正确的行为方式生活在这个世界上。从这点上来说，"义"似乎是一种已然确立的社会道德标准。

孟子说："仁之实，事亲是也；义之实，从兄是也；智之实，知斯二者弗去是也；礼之实，节文斯二者是也。"（《孟子·离娄上》）这段话似乎还是说"仁"和"义"乃是家庭伦理关系的主要原则。虽则如此，"仁"似乎要比"义"更加接近于人的现实存在，因为父母显然要比兄长对自己的关系更为密切。"仁"似乎强调的是一种感情（emotion），而"义"似乎包含了更多理性和现实的考虑，是一种遵循正确道路来行事的义务（duty）。从这点上也可以看出，"仁"在狭义上来讲是一种不讲求回报的子女对父母的感情，推而广之也就是人与人之间的真挚情感。"义"是一种弟对兄的遵从，这种遵从基于兄长的生活经验或生活智慧要比弟弟丰富得多，推而言之也就是劝诫人们在社会上需要遵循或跟随那些比自己年长而更有生活经验和智慧的人，这是做一件正确事情的前提。从这点上来说，孟子又似乎是一个经验论者。在另一段话中，孟子也强调了父兄在一个人成才过程中的关键作用。他说：

> 中也养不中，才也养不才，故人乐有贤父兄也。如中也弃不中，才也弃不才，则贤不肖之相去，其间不能以寸。（《孟子·离娄下》）

在孟子看来，父兄对一个人的成长起着关键性的作用。贤明的父亲和兄长能够正确地教育一个人，使他按照正确的路线成长。这其中就有父兄自身的成长经验和生活经验的灌输。于是，"义"在这里似乎也就具有了外在特征，而不再只是内心的一种道德萌芽。孟子说："夫义，路也；礼，门也。惟君子能由是路，出入是门也。"（《孟子·万章下》）"仁"就如同人所居住的安宅，"礼"便是这座宅第的大门，而"义"便是这座宅第门前通往外界的路。"仁"意味着一个人需要有一个相对封闭的内在心灵环境，在这个环境中，他可以相对自由地用自己的真情实感来对待自己的亲人，这是一个人安身立命的地方。"礼"便是这个地方的大门，也就是通向外界的一个通道。在这里，人就不再简单地用自己的情感来对待别人，还要通过遵循一定的礼节规范来与他人交往。因为如果另外一个人不是自己的亲人，便很难接受那种你用来对待自己亲人的方式。所以，"礼"也是很重要的。通过遵循"礼"的规范，一个人便学会了与人相处的合适方式。除了"仁"和"礼"，还需要走上一条"义"的路，才能真正在人世间顶天立地。"义"其实是一种无论在任何情况下都能遵循正确道路来行使道德义务的能力。一个人可能对别人充满了真情实感，也对别人待之以礼，但仅仅有这些还是不够的，还需要有一种甚至敢于触犯某些基本原则而坚持道德义务的能力。

这是因为现实世界存在着很多复杂而多变的情况，在某些特别的情况下，要克服某些规则的羁绊，才能成就道德的结果。比如伸手去救溺水之嫂的道德困境。其实，如果按照"义"的要求，就应该伸手去救，因为只有这样才符合道德的要求。试想一个人如果只对嫂子仁且有礼，而并不能突破男女授受不亲的原则，那就会在这种特殊情况下放弃救人的打算，这当然是一种道德的悲剧。

虽然《孟子》文本中多少透露了一些"义"的外在特征，但孟子还是坚持"义"是内在的说法。孟子说："心之所同然者何也？谓理也，义也。圣人先得我心之所同然耳。故理义之悦我心，犹刍豢之悦我口。"（《孟子·告子上》）孟子认为人心其实和人的感官一样，都有自己追寻外物的某种标准。感官所追求的是感官的愉悦，心所追求的是道德的满足。虽然感官所欲求的外物（如美食佳肴等）与心所欲求的目的（道德）在本质上是不同的（有形而下和形而上之分），但这二者在追求他物以满足自身方面是相同的。但是孟子在这里存在一个问题，即美食佳肴是客观外在于感官的，而道德萌芽则是内在于心之中的，如果这二者所处的位置并不相同，又如何能够加以类比呢？孟子也承认，感官标准是相对客观的固定标准，但如果道德标准是内在的，又如何能够保证自身所遵循道德标准的客观性呢？如果道德标准不是客观的，就很容易造成道德上的混乱。在这点上，荀子的道德客观标准是外在的，这就能克服孟子道德内在性的局限性。

孟子除了认为"义"是一种内在的道德品质以外，还和孔子一样认为"义"是规范君臣之间道德责任关系的标准。孟子说："仁之于父子也，义之于君臣也，礼之于宾主也，知之于贤者也，圣人之于天道也，命也，有性焉，君子不谓命也。"（《孟子·尽心下》）在这段话里，"义"同样是描述君臣道德责任关系的一种概念，而"礼"则成为简单的描述宾主关系的一种概念。在这里，"礼"并没有上升到国家制度乃至君臣等级的高度，仅限定于主人对待客人的礼仪方面。

荀子对"义"有一个较为清楚的定义。荀子说：

水火有气而无生，草木有生而无知，禽兽有知而无义，人有气、有生、有知，亦且有义，故最为天下贵也。力不若牛，走不若马，而牛马为用，何也？曰：人能群，彼不能群也。人何以能群？曰：分。分何以能行？曰：义。故义以分则和，和则一，一则多力，多力则强，强则胜物；故宫室可得而居也。故序四时，裁万物，兼利天下，无它故焉，得之分义也。（《荀子·王制》）

荀子认为"义"是一种人类独有的、区别于其他动物的一种能力。这种能力就在于通过完成每个人在各自等级上的道德责任而使得整个社会系统得以平稳运行。所以，在荀子看来，"义"是与社会等级，也就是"礼"，是分不开的，"义"是一种在"礼"的基础上完成道德义务的责任。正是因为这个原因，荀子经常将"礼"与"义"连用，而"礼义"所表达的正是一种在"礼"的基础上从事"义"这一道德责任和义务的要求，也是一种对从事"义"这一道德责任和义务必须在"礼"的基础上进行的规范。这就是说，如果一个社会只存在礼所规定的等级秩序而没有在此基础上的道德规范，那就会沦为一种冷冰冰的社会等级，这就很容易沦为法家所主张的社会模式；而一个社会如果只有空洞的道德规范，没有与此相适应的社会等级划分，就会使得社会中的每个人无所适从，不知该遵从何种道德规范。所以，"礼""义"二者是不可分开的。荀子进一步说：

故尚贤使能，则主尊下安；贵贱有等，则令行而不流；亲疏有分,则施行而不悖;长幼有序,则事业捷成而有所休。故仁者,仁此者也;义者,分此者也;节者,死生此者也;忠者,惇慎此者也;兼此而能之备矣;备而不矜,一自善也,谓之圣。(《荀子·君子》)

在这里,荀子进一步明确了"义"的等级性。正是在"尚贤""使能""贵贱""亲疏",以及"长幼"中,"义"发挥了种种不同的道德功能和责任。荀子说:

义,理也,故行。礼、节也,故成。仁有里,义有门。仁,非其里而虚之,非礼也。义,非其门而由之,非义也。推恩而不理,不成仁;遂理而不敢,不成义;审节而不知,不成礼;和而不发,不成乐。故曰:仁义礼乐,其致一也。君子处仁以义,然后仁也;行义以礼,然后义也;制礼反本成末,然后礼也。三者皆通,然后道也。(《荀子·大略》)

在这里,荀子更加明确地指出,如果只是简单地"推恩",也就是将仁爱推广到所有人,并不能成就"仁"的理想。"仁"必须要和"理"结合在一起,而"理"就是"义",就是在等级基础上的道德责任和义务。也就是说,"仁"和"义"必须要结合在一起,也就是荀子所说的"处仁以义"。同时,"义"还具有实践的特征。一个人只是遵循着知道"义"的要求而并不去亲身实践,那也就不成为"义"。荀子在这里还强调,行"义"的同时还必须要遵循"礼"的要求,这样,"义"才能成其为"义"。所以,"仁""义""礼"三者是合为一体,不可分开的。

除了认为"义"是一种涉及社会等级的道德责任与义务,在此基础上,荀子和孔孟一样还认为"义"是一种人应该具有的道德感,这种道德感应当超越当下的利益考虑。荀子说:

> 义与利者，人之所两有也。虽尧舜不能去民之欲利；然而能使其欲利不克其好义也。虽桀纣亦不能去民之好义，然而能使其好义不胜其欲利也。故义胜利者为治世，利克义者为乱世。上重义则义克利，上重利则利克义。(《荀子·大略》)

这就是说，每个人应当在自己所处的社会等级上完成自己所应当完成的道德责任和义务，如君主应当对臣子投之以信任，臣子应当对君主报之以义，儿子应当对父亲完成孝的义务，等等。在这种预设下，也就隐含着一种对于道德责任超越性的认同。譬如臣子在对君主行义的过程中，肯定会遇到一些与现实利益冲突的事情，在这种矛盾的选择中，正直的臣子应当选择"义"而放弃"利"的考虑。所以，荀子所考虑的"义利之辨"是在这样一个既定的等级框架中完成的，并没有空洞的、脱离社会等级的"义"。这就是荀子所说的"行义以礼"。这样，荀子所认为的"义"的标准是外在的"礼"，而不是像孟子所说的内在的"理"。这一点是荀子和孟子在"义"的观点上的主要区别。孟子认为，通过内在的"理义"标准，我们就能够自然判定一种行为是否符合道德的标准。然而，这种内在标准的弱点在于，如果当一个人面对两种同时需要自己做出道德判断和相应道德行为的状况，就会无所适从。比如说，当一个人看到一个小孩马上就要掉到井里，而同时也看到自己的君主也要掉到河里，那他应当怎样办呢？如果按照孟子的思路，那就不知该如何是好。如果要救小孩，那就置君主于危险之地；但如果救君主，就会违背自己的本心意愿，使小孩生命受到威胁。但如果按照荀子的思路，这个人可能就会去救君主，因为臣子所处的社会等级和位置决定了他所应该从事的道德行为，那就是救君主。

（三）儒家的"性"与天道

在中文里，"性"这个字包含了以下两层含义：(1) 人类或物的本性。在这个意义上，"性"可以用来定义人类或物的根本特征。《孟子·滕文公上》有"孟子道性善，言必称尧舜"一句，这里的"性"就是指人的本性。在《说文解字》中，"人之阳气性善者也"一句中的"性"也是人的本性之意。(2) 人类的生命。在这个意义上，"性"可以和"生"这个标示人类生命的词互换。《左传·昭公八年》中有"莫保其性"这个说法，这里的"性"即是指生命。《左传·昭公十九年》中有"民乐其性，而无寇雠"，意思是人们享受着旺盛的生命，而没有仇敌。《韩非子·难势》中则有"为炮烙以伤民性"一句，意思是炮烙之刑会伤害人民的生命。

"性"可以被追溯到古代"生"字的用法，而"生"这个字恰好构成了"性"字的右边部分。这样，从字形学的角度看，二者有着密切的关系。徐灏曾解释过"性"字的起源以及"性"与"生"的关系："生，古性字，书传往往互用。《周礼》大司徒'辨五土之物生'，杜子春读为性。《左氏》昭八年传，'民力雕尽，怨讟并作，莫保其性'。言莫保其生也。"(《说文解字注笺·生部》) 在这个意义上说，"性"与"生"是可以互换的。"生"往往意味着人类生命的成长和延续，标示着人类成长的历程，但是也可以用来表示人类或物的本性；而"性"往往意味着人类或物的本性，但同时也可以用来表示人类的生命历程。傅斯年在《性命古训辨证》中证明了这种说法：

生字乃金文及先秦经籍中所普用之字，虽然有时借眚为之（如

"既青魄"），然后代"百姓"之姓，"性命"之性，在先秦古文皆作生，不从女，不从心。即今存各先秦文籍中，所有之性字皆后人改写，在原本必皆作生字，此可确定者也。[1]

尽管孔子很少提及"性"的问题，更没有提到过"天"与"性"的关系，孟子则详细考察了"天"与"性"的关系。孟子认为"天"是道德的"天"，因而它能赋予人类以道德萌芽（见《孟子·公孙丑上》），而这一道德萌芽是使人类区别于其他动物的唯一特征。孟子宣称，只要一个人能够扩展自己心中的"四端"成为成熟的道德品质并且能够在日常的生活中加以实践和遵循，他就能够知"性"、知"天"（见《孟子·尽心上》）。这样，我们就能看出孟子关于道德"天"的观点如何影响了他关于"性"的观点：既然"天"是能够赋予人类道德萌芽的道德"天"，而人性也恰恰体现在这些道德萌芽之中，那么道德"天"就直接产生了道德的人性（也就是道德萌芽）。但是"性"是否真的只是指人类所拥有的道德萌芽呢？孟子对这个问题的回答似乎也并不十分一致。在《孟子·尽心下》的第二十四节中，孟子似乎承认感官欲望也是人类的"性"："口之于味也，目之于色也，耳之于声也，鼻之于臭也，四肢之于安佚也，性也……"那么，"性"为什么能够包括感官欲望呢？这其实也可以追溯到孟子关于"天"的观点。从上面的讨论中我们知道，在孟子看来，"天"是道德的。但是孟子同时也认为"天"是万事万物的创始者："且天之生物也，使之一本。"（《孟子·滕文公上》）孟子认为天是万事万物的起源和根本。在《孟子》一书中，还有一些孟子自己引述的篇章来支持他的观点，这些篇章也反映了他对于天

---

[1] 傅斯年：《性命古训辨证》，载刘梦溪主编：《中国现代学术经典——傅斯年卷》，河北教育出版社，1996年版，第65页。

的观点。比如在一篇有关伊尹的篇章中,孟子引述了伊尹的话:"天之生此民也,使先知觉后知,使先觉觉后觉也。"(《孟子·万章上》)孟子似乎同意伊尹关于天生万民的观点。与这一篇非常类似的是孟子转引自《诗经》的一段话:"天生蒸民,有物有则。"(《孟子·告子上》)从上面的篇章中,我们可以看出孟子认为天是万事万物包括人的起源。在这里,天的含义和"自然"很接近。孟子还说,"天油然作云,沛然下雨,则苗浡然兴之矣"(《孟子·梁惠王上》);"天之高也,星辰之远也……"(《孟子·离娄下》)。在这个意义上,"天"与"自然"的含义很接近。既然"天"也是自然,那么由它所派生的"性"自然就包含了感官欲望。这正如史华兹教授注意到的那样:

当孟子根据人的存在的"自发层面",也就是根据人的生理及感官能力,以及根据人的与生俱来的自发道德禀性来谈论人的时候,关于天的观点是以准—道家类型的、具有无为色彩的语言来加以处理的。当把人作为自觉的、有意志能力的存在加以提及时,"天"本身似乎就作为具有超越能力的道德意志和人发生了关联。[1]

因此,在孟子看来,"性"同时包含了感官欲望和道德萌芽。那么,这个观点是不是就是孟子关于"性"的最终观点呢?让我们再读一下《孟子·尽心下》第二十四节中的一段话:

口之于味也,目之于色也,耳之于声也,鼻之于臭也,四肢之于安佚也,性也,有命焉,君子不谓性也。仁之于父子也,义之于君臣也,礼之于宾主也,知之于贤者也,圣人之于天道也,命也,

---

[1] [美]本杰明·史华兹:《古代中国的思想世界》,程钢译,江苏人民出版社,2004年版,第300页。

有性焉，君子不谓命也。(《孟子·尽心下》)

在孟子看来，我们是否能够实现仁、义等的道德理想是由我们的"命"决定的，而"命"是无法预先得知的。既然我们不知道扩展自己的道德萌芽是否会受到外力的干扰，我们就应该把实现道德理想的可能性归之于不可知的"命"。然而，尽管我们不能得知道德修养的最后结果，我们在日常生活中却总有做好事的道德倾向。这种自愿的道德倾向就出于我们的"性"，不管我们是君子还是小人。在孟子看来，人性固有做好事的道德倾向，比如说对落井之童的同情，也有相同的感官欲望，比如说口对味道的追求。这正如孔子所言，"富与贵是人之所欲也，……贫与贱是人之所恶也。"(《论语·里仁》)因此，在孟子看来，君子与小人的分别在于他们如何对待心中的感官欲望与道德倾向。

小人有可能放弃坚持心中的道德倾向。他更愿意顺从自己的感官欲望，顺从感官欲望是非常轻松的，尽管能否满足这些欲望也是未知的，所以叫"命"。但当面对感官欲望与道德使命，小人宁愿选择追寻感官上的满足，因为实现道德理想会更加艰难。然而，君子会有与此完全不同的态度。他会认为满足感官欲望纯粹是一种随机的事情，是由"命"来决定的。因而他会放弃追寻感官欲望的满足并坚持君子的道德理想。这正如孔子所言："富而可求也，虽执鞭之士，吾亦为之。如不可求，从吾所好。"(《论语·述而》)事实上，对一个君子来说，即便实现道德理想是非常困难的（因为是由"命"来决定的），他也会自觉坚持道德原则，因为他所走的每一步都是在实现道德理想道路上的积累。一旦他愿意学习，他将会在实现道德理想的道路上取得积极的成果，即便最后他没有实现最高的道德理想。面对感官欲望和道德理想，君子会选择道德理想作为他主要的目标。在孟子看来，君子应该集中精力于扩展自己心中固有

的道德萌芽而不是追求满足感官欲望。因为感官很容易被外物所误导，不能依靠它来引导我们成为君子。（见《孟子·告子上》）

这样，对孟子来说，虽然"性"同时包含了感官欲望和道德萌芽，但它更少指涉感官所带来的感官欲望，因为这些欲望无法引导我们成为一个君子。相反，"性"更多的是指人们心中固有的道德萌芽，它们的存在和自然生长显示了如何培养一个人成为君子的历程。因此，"性"在孟子的语境中更多是指人类心中存在的四种道德萌芽，也就是"四端"。在这个意义上，"性"就是善的。这样，我们可以看出来，虽然在孟子眼中"性"同时包含了感官欲望和道德萌芽，但孟子似乎刻意回避了感官欲望这一倾向，而只将重点放在了道德萌芽上。这正如龙宇纯先生所说：

在欲人安命乐道、砥砺德行的意义上说，这是一段极为精彩的文字。然而天赋五官之所好，当然属于"性"；只因此"性"是"率"不得的，便不说它是"性"，而欲易之以"命"，以全其"性善"之说，又何尝不可说是"明知故犯"？[1]

孟子关于人性善的观点经常为他的同时代人所挑战。举例来说，告子就和孟子争论过这一问题。在一篇与孟子的对话中，告子宣称人性既不善也不恶，也就是说，人性是中性的。告子把人性比作水。如果东边堤坝有缺口，水就会流向东面；如果西边有缺口，就会流向西面。与告子的论点相反，孟子说："人性之善也，犹水之就下也。人无有不善，水无有不下。"（《孟子·告子上》）如果把人性比作水，水的本性就是向下流，这就像人性之善。向西方或东方流都不是水

---

[1] 龙宇纯：《荀子思想研究》，载《荀子二十讲》，华夏出版社，2009年版，第205页。

的"性",而是外部环境(堤坝上的缺口)造成的结果。

水流向东方或西方的确可能是由于外部环境引起的;然而,孟子却不能否认水流向低处的倾向同样也是某些外部因素如斜坡影响的结果。我们能设想水在一块平地上向下流动吗?这样,如果"性"被比作水,"性"自身也没有做善事的道德倾向。"性"变成什么样子完全取决于外部环境。在这个意义上,孟子对告子的反驳似乎没有很强的说服力。实际上,有些学者已经注意到孟子的这一论辩本身不具有逻辑性。庄锦章教授指出:

> 尽管一些人认为孟子在这里赢得了论辩,但将水向下流的趋势和人性趋向善的趋势来加以比较是没有逻辑性可言的。换句话说,在前者和后者的趋向中没有逻辑的关联。在这里发生的是一种信仰被强调,那就是人性必须是善的,正如水必须普遍地向下流。但是这一信仰并不构成一个论辩(argument)。[1]

孟子生活在战国中后期,比起孔子生活的春秋时代,这时期的社会充斥着更加残酷和频繁的战争与争斗。在这种局势下,人们很难相信人性本善以及那些用疏于培养道德来解释世间恶之存在的言论。[2] 另外,孟子根据对落井之童的恻隐之心主观假定了心中善之四端的存在。这本身是一种对经验事实有争议的阐释,很容易为另外的经验事实所驳倒。比方说,虽然有些人会对落井之童产生恻隐之心,但某些人也许并不会有恻隐之心;再或者,秦朝军队在长平之战中坑杀赵国军队数十万,又当何解呢?难道我们还会觉得这是因为他们本性善良,只是由于没有细加呵护这些道德萌芽才使得自

---

[1] Chong Kim Chong, *Early Confucian Ethics*, Chicago: Open Court, 2007, p.38.

[2] 像孟子在"牛山"篇章中提到的那样。(参见《孟子·告子上》)

己变坏吗？这种解释似乎过于幼稚，也过于理想化。事实上，对这些现象的解释往往存在第二条途径，也是更加合理的途径——这些恶行的出现源自于人性本身。正是由于人性自身的弱点，才会出现这些恶行。

孟子力图在他的"牛山"篇章中解释这一难题。在这一篇章中，孟子把牛山的"性"比作人的"性"。由于牛山上的树木都被砍伐了，这座山上好像从来没有生长过树木。这不是由于这座山上原本就没有树，而是砍伐导致了无树的局面。孟子认为普通人的"四端"就如同这些树的命运一样。普通人并没有去滋养这些善端；事实上，他们甚至去砍伐和毁灭它们。在这种情况下，道德的"萌芽"就长不成"大树"。如果有人看到这种局面并就此认为世间存在的恶行就证明了人性为恶，他就会和那些认为"牛山无树是因为它本来就没有树"的人一样错误。事实上，如果我们能够看到君子是怎样培养和滋养他们"性"中道德萌芽的话，我们就不会得到如此结论。

然而，孟子对这一问题的解释远不能令人信服。我们不禁要问，为什么人性本善却有如此之多的人行为不端？正如荀子批评孟子的性善说那样："凡论者，贵其有辨合，有符验。故坐而言之，起而可设，张而可施行。今孟子曰：'人之性善。'无辨合符验，坐而言之，起而不可设，张而不可施行，岂不过甚矣哉！"（《荀子·性恶》）这就是说，孟子的性善说不能在现实中找到验证，也就是没有"符验"，只是一种理论上或论辩上的空洞说辞。这样，我们就无法相信人性善的学说。但孟子认为人们行为不端的原因在于他们没有充分地滋养内心的道德萌芽。然而，既然人性在本质上是善的，为什么人们会忽略甚至是不愿去滋养这些道德萌芽呢？孟子解释说，道德萌芽只是处于萌芽阶段，需要一个好的环境和营养才可以发展自己。然而，就连孟子自己也注意到：

阻碍了善这株植物生长的，并不仅是外在于人类有机体的东西。在人类有机体之中多少也存在着一种具有瓦解力量的原则，它强大得足以阻碍大多数人向善的惯性趋势。那么，这一原则的本质是什么？它怎样才能被克服呢？[1]

史华兹教授对孟子的性善论也发出了上述的诘问。孟子说过"饱食暖衣，逸居而无教，则近于禽兽"。（《孟子·滕文公上》）这样的话，在物质条件都能得到满足的统治者和上层阶级那里都不能向善，何况那些物质条件尚不能满足的平民百姓呢？对性善论的诘问使得孟子必须要回答，为什么在各种外在条件和环境都能得到满足的情况下，人依然不能趋向于善呢？孟子提出了一个关键性的概念——"气"来回答这一问题。

夫志，气之帅也；气，体之充也。夫志至焉，气次焉；故曰："持其志，无暴其气。"既曰："志至焉，气次焉。"又曰："持其志，无暴其气者，"何也？曰："志壹则动气，气壹则动志也，今夫蹶者趋者，是气也，而反动其心。"（《孟子·公孙丑上》）

在孟子看来，"气"是流动在人身体中的能量，包括了与感情、激情以及欲望相关联的各种生命活力。在这个意义上，"气"似乎可以被理解为非理性的。史华兹说道：

激情、感情和贪欲既循环不息又变化不定，它们是人们的失范行为以及邪恶行径在人的有机体中表现自身的场所，许多古代的思

---

[1] [美]本杰明·史华兹：《古代中国的思想世界》，程钢译，江苏人民出版社，2004年版，第282页。

想家曾对此有过论述；实际上，正是"气"的混乱和失序直接地阻碍着人心之中善的"幼芽"的成长。[1]

这样，"气"必须要被遏制和引导才能变成善的力量。孟子认为"志"是控制"气"的力量。"志"和"气"这二者互相影响，意志如果坚定，那情感和欲望就会受到约束；而如果情感和欲望专一，则意志就会遭到破坏。所以，君子应当善于运用"志"的力量来控制非理性的情感。然而，到了这一步，人们也会问：为什么人们会自觉地运用"志"的力量来控制和约束非理性的情感和欲望？这种自觉性的源泉在哪里呢？在孟子看来，这种自觉性的源泉就在人心之中。虽然人心中本身存在着仁义礼智的道德源泉，但"为感官带来了秩序、为'气'带来了和谐并对'气'加以补充的，并不是自发地承载'善良本性'的心，而是作为意志和起思考作用的意向性器官的'心'"[2]。正是有了这样一个"心中之心"，人们才会自觉地运用意志的力量来控制非理性的情感和欲望。然而，这种对"善良本性"之心和"意志"之心的区分并不能停止我们对下面这一问题的追问，即我们怎样才能知道人们在现实中的恶行不是因为他们原本就没有道德萌芽造成的？既然我们只有通过善人的善行才可以推断出道德萌芽的存在，那我们怎样才能从恶人的恶行中得出人性本善的结论？孟子似乎对这一问题解释得不够充分。这就促使荀子对这一问题进行更合理的回答。

在《荀子》的《天论》篇中有这样一段话：

---

[1] [美]本杰明·史华兹:《古代中国的思想世界》，程钢译，江苏人民出版社，2004年版，第283页。

[2] [美]本杰明·史华兹:《古代中国的思想世界》，程钢译，江苏人民出版社，2004年版，第286页。

圣人清其天君，正其天官，备其天养，顺其天政，养其天情，以全其天功。如是，则知其所为，知其所不为矣，则天地官而万物役矣。其行曲治，其养曲适，其生不伤，夫是之谓知天。（《荀子·天论》）

我们可以看出，荀子也提到了"知天"在了解人类自身以及保持生命的完满方面发挥的重要作用。对荀子来说，人是由自然的天创造的生物，因而他们在内在物理结构上与其他动物之间并无多大区别。在这个意义上，人应该清楚他们自身的状况，从而按照人类生命的自然规律来生活，从而保持生命的完全。人应该尽量避免受到世上外物的干扰和伤害，从而保持生命的完整。这样，人应该把握"道"的精髓并将他们自己融于"天"之中，而这个"道"实际上已经包含了所有的自然规律（包括人自身的规律）、知识及经验。

对荀子来说，更关注的是如何"守道"，即创建良好的社会秩序和政府。对荀子来说，"守道"就是培养人们遵守道德，以及使人们按照礼义而行的学说。荀子说：

列星随旋，日月递照，四时代御，阴阳大化，风雨博施，万物各得其和以生，各得其养以成，不见其事，而见其功，夫是之谓神。皆知其所以成，莫知其无形，夫是之谓天。唯圣人为不求知天。（《荀子·天论》）

尽管天为万事万物包括人类自身提供了给养，但还有对人类来说更重要的事情。在荀子看来，这些更重要的事情就是圣人所创造的礼义原则。这是庄子和荀子在天人关系上的根本区别所在。在庄子看来，处理人间事务只是一种实现"与天为徒"的必要途径。所以，在这个方面，庄子对人间事务的强调只是为了实现天道，就像庖丁对牛的外在特征的把握只是为了最终掌握"道"。然而，荀子认为人间事务才是对人类最重要的事情，如果不是唯一的目的的话。荀子所追求的是实现有秩序的人类社会和好的政府。"天"对于荀子来说只是一种理解人类身体、心灵、情感等对维护人类生命有助益的手段。况且，了解情感和欲望的本质会有助于道德修养。但是"天"本身并不是人类所追求的最终目的，因为在荀子眼中，还有比"天"更重要的事情，那就是道德原则和良好的社会秩序，而这些才是人类生命的最终保证。荀子说：

  人生而有欲，欲而不得，则不能无求。求而无度量分界，则不能不争。争则乱，乱则穷。先王恶其乱也，故制礼义以分之，以养人之欲，给人之求。使欲必不穷于物，物必不屈于欲。（《荀子·礼论》）

在荀子看来，尽管庄子强调与天合一作为保持生命完全的途径，但他并没有意识到人类如果没有一个良好的社会秩序就不可能保持生命的完整，而一个良好的社会秩序恰恰来自于道德培养。正是在这个意义上，道德培养在维护社会秩序和保全人类生命方面发挥了关键作用。了解了这一点，我们就能更好地理解荀子在《解蔽》篇中对庄子的批评："庄子蔽于天而不知人。"（《荀子·解蔽》）实际上，荀子对庄子的批评并不是说庄子不关心人类自身而只寻求与天合一。庄子实际上恰恰强调了在混乱时代中维护个体生命完全的重要性。然而，庄子实现这一道家理想的方式是通过与天合一而不是向人类自身诉求。这种方式是荀子所着力批评的。在荀子看来，没有道德培养，就不会有良好的社会秩序，这就会使人类生命受到混乱秩序的威胁。只有当每个人都实现了道德培养的目标，即"君子"时，社会才能变得有秩序而人类生命才会保持应有的完整。

虽然荀子与庄子在人性的观点上截然相反，但荀子人性恶的观点与商鞅关于人性的观点颇为相似。商鞅历来被认为是法家的创立者。[1] 他在秦朝发动了多次改革，把秦国从一个落后国家逐渐转变成为一个军事强大的国家。商鞅的著作《商君书》[2]中就有关于人性好利的结论："民之生，饥而求食，劳而求佚，苦则索乐，辱则求荣，此民之情也。民之求利，失礼之法……"（《商君书·算地》）。非常有趣的是，荀子也说道："好荣恶辱，好利恶害，是君子小人之所同也"（《荀子·荣辱》）；"今人之性，生而有好利焉，顺是，故争夺生而辞让亡焉……"（《荀子·性恶》）。

在荀子眼中，人们不仅有内在好利的"性"，还有内在的情感、感觉、欲望等。所有这些内在的"性"，包括好利，都是荀子认为人性本恶的原因。这样，荀子的人性论和商鞅关于人性的观点极为相似。那么，荀子在人性论上是不是受到商鞅的影响呢？荀子曾经在秦昭王时期考察过秦国，对秦国的民风、官员及政府等颇为赞赏。（见《荀子·强国》）众所周知，秦国政府是以商鞅的法家理论为指导原则的，而法家的人性论无疑是其政治学的根本前提。只有认识到人性的阴暗面，才有必要设计出法律法规等来约束人性，维护正常的社会秩序。荀子既赞赏秦国的政治清明、民风淳朴，则必对法家的理论有一定程度的认同。这种认同不仅仅体现在对法家所设计的法律法规系统的认同，更有对这些法律法规系统背后理论前提的一定认同。这一理论的前提就是法家关于人性的判断，即人性好利。虽然荀子并没有明确地说他的人性论受到商鞅的影响，但结合荀子在秦国的经历和他与商鞅在人性观上的相似，我们可以合理地推测

---

[1] 法家作为一个系统的学派出现在战国时期的改革运动中。当时，秦孝公指派商鞅为相来施行改革。

[2] 关于《商君书》的作者是不是商鞅本人，学术界尚有争议。

荀子的人性论也许是受到商鞅有关思想的影响。[1]

尽管荀子和商鞅在人性观上颇为相似，但他们在对人性的道德判断上是不同的。应当注意，商鞅只是承认了人性好利，这不同于荀子的道德判断——人性为恶。商鞅说：

> 民之性，度而取长，称而取重，权而索利。明君慎观三者，则国治可立，而民能可得。（《商君书·算地》）

从这里我们可以看出，商鞅并不想从道德的角度评判人性。实际上，他最关心的是怎样通过理解人性，设计出一套法律和法规系统来统治人民而不是用道德教化他们。这也是法家和儒家的根本区别。在法家看来，培养和转化人性的方法对建立一个稳定而强大的国家来说太过迟缓，甚至根本就是不可能的。在这方面，法律和法规将会更加实用有效。然而，对儒家来说，道德修养永远是最重要的，因为它是建立一个好的政府不可缺少的条件。荀子依然遵循着这一儒家的信仰。对荀子来说，即便我们能够通过法律系统的运作创造一个秩序化的社会和稳定的国家，我们也没有创造出最好的政

---

[1] 最近有学者（颜炳罡）撰文指出，荀子有关"性"的学说很可能是来自于郭店楚简《性自命出》出土文献，文中观点主要是《性自命出》中有"喜怒哀悲之气，性也"，以及"好恶，性也。所好所恶，物也"等言语与荀子关于"性"的观点极为相似。此种观点虽有待商榷，但从荀子的师承关系，以及文本比较的各方面来看，荀子关于"性"的观点的确有可能受到这一文献的影响。不过，虽然这一文献提到了"喜怒哀悲"、"好恶"为性的基本构成元素，但尚未涉及性恶的问题。所以，荀子关于性恶的观点可能还会受到其他思想家或其文本的影响。（颜教授观点请参见，颜炳罡：《郭店楚简〈性自命出〉与荀子的情性哲学》，载《中国哲学史》，2009年第1期，第5~9页。）

府，而这一最好政府的建立是离不开每个人的道德修养的。荀子所着力做的是通过引入外在手段转化人性并引导他们走向道德修养之路，从而使儒家的道德和政治理想有效实现。

尽管荀子和其他儒者都坚持道德修养为培养人们道德的必要方式，荀子劝说人们进行道德修养的方式却不同于孔子和孟子。这种在路径上的不同起源于荀子对"天"和"性"的不同看法，而这些看法很可能是受非儒学派思想家的影响。

二、道家的"无为而治"

要理解道家的无为而治,首先就必须要先了解道家的核心思想——"道"。道家之"道"起源于老子。《老子》文本中出现的"道"首先是一个形而上的概念,具有宇宙本源的含义。老子说:

有物混成,先天地生。寂兮廖兮,独立不改,周行而不殆,可以为天下母。吾不知其名,强字之曰"道"。(《老子·二十五章》)

这样,"道"是一个独立于万物之上的存在物,它是天下万物的本源。在这一前提下,"道"本身就包含了世间万物得以萌发生长的种子。所以,对修道之人来说,要保持与"道"合一,就必须能够在胸中容纳世间万物。老子说:"保此道者,不欲盈。夫唯不盈,故能蔽而新成。"(《老子·十五章》)这是说明守道之人必须要保持自身不自满的状态,才能容纳更多的新事物。老子又说:"知常容,容乃公,公乃全,全乃天,天乃道,道乃久。"(《老子·十六章》)这说明认识"道"的人能包容一切,包容一切才能坦然大公,坦然大公才能无不周遍,无不周遍才能符合自然,符合自然才能符合于"道",体道而行才能长久。《老子·四十八章》也提到:"为学日益,为道日损。损之又损,以至于无为。"这是说,为道需要摈弃自己心中的成见和偏见,开放自己的心胸才能把握"道"的本质。因此,"道"本身是包容一切的,所以为道之人必须放弃任何成见和偏见,才能直达"道"的本质和精髓。道之高明盛德可以具体而微地呈现在圣人身上。作为理想人格极致之圣人,凭借高尚精神与对价值界之无限追求与向往，超越一切限制与弱点，实践内圣之修养。

在战国后期，自然主义开始兴盛起来。在《吕氏春秋》中包含了一些描述当时思潮的篇章，如"立官者以全生也，……多官而反以害生"，"人之性寿，物者抇之，故不得寿"。在这些篇章中，"性"或"生"可以被理解为一种人类当下生命个体的生存方式，而对一个人来说，最重要的事情就是要保护并滋养好自己的生命。那么，我们在保护和滋养自己生命的时候，应该遵循什么样的方法呢？保持本性的完善并且使之避免受到外部干扰似乎是必要的。由于"性"是由天赋予的，保持人性完善的方式也就意味着我们应该遵循天道。《吕氏春秋》中也涉及杨朱的一些思想："始生之者，天也；养成之者，人也。能养天之所生而勿撄之谓天子。"这就是说，人是由天生成的，只有保养自己由天赋予的身体而不改变它，才可以成为"天子"。杨朱同时认为，一个人应该拒绝为外部利益去牺牲自己的身体，哪怕只是一根头发。他宣称，人们应该用一种排除外在享乐或利益的方式来保护并滋养自己的生命。这就是《淮南子》中"全性保真，不以物累形，杨子之所立也"一句所阐述的杨朱的立场。在杨朱看来，人们应当珍视并且滋养天所给予他的东西，那就是"性"或"生"。在这个过程中，我们应当排除外在利益和享乐，因为这些外在的诱惑会阻碍我们遵循天的自然之道。天道，也就是自然秩序，成为指示人们该做什么或不该做什么的最高标准。这样，自然主义所探讨的"性"可以等同于"生"，而"全生"或"全性"既是保全、滋养生命的过程，也是保持人性完满的方式。在这个意义上，庄子直接继承了自然主义有关"性"与"生"的思想。

庄子说："道者，德之钦也；生者，德之光也；性者，生之质也。"（《庄子·庚桑楚》）在庄子看来，道是最高的范畴，道为德所尊崇；生是德的光辉，而性是生的本质。这样，在庄子的哲学视野中，道、德、性和生分别形成了四个由内至外的层次。人之道的根本在于修

性返德。庄子说:"留动而生物,物成生理谓之形;形体保神,各有仪则谓之性;性修反德,德至同于初。"(《庄子·天地》)

在庄子眼中,"性"是由天赋予的,与道为一,没有任何缺点。但随着一个人在世界上的成长,"性"逐渐被玷污。庄子说:

> 且夫属其性乎仁义者,虽通如曾、史,非吾所谓臧也;属其性于五味,虽通如俞儿,非吾所谓臧也;属其性乎五声,虽通如师旷,非吾所谓聪也;属其性乎五色,虽通如离朱,非吾所谓明也。吾所谓臧者,非仁义之谓也,臧于其德而已矣;吾所谓臧者,非所谓仁义之谓也,任其性命之情而已矣。(《庄子·骈拇》)

这就是说,改变自己的本性而使"性"迷恋于世间的仁义、五味、五声和五色,就会使自己的生命受到损失。所以,庄子认为一个人要想养生,就必须要返回到自己原初的本性,即所谓"性修反德"。这里的"德"并非是指儒家所说的仁义道德,而是指"性"的本初状态。生命的真正完善在于保持自己的本性并且率性而为,也就是"任其性命之情"。否则,就会陷入各种外在诱惑的泥沼中而丧失自己,也就是庄子所说的"失性"。庄子说:

> 且夫失性有五:一曰五色乱目,使目不明;二曰五声乱耳,使耳不聪;三曰五臭熏鼻,困惾中颡;四曰五味浊口,使口厉爽;五曰趣舍滑心,使性飞扬。此五者,皆生之害也。(《庄子·天地》)

所以,在庄子看来,五色、五声、五臭、五味以及是非好恶之心都会成为一个人生命的祸害,损害一个人的生命。一个人必须要摆脱这些让人"失性"的状态,回归到自己原初的本性,才能实现自身生命的完满。

事实上，对庄子来说，生死似乎并不是那么重要，因为在他看来，生死之间并没有什么不同。

古之真人，不知说生，不知恶死。其出不䜣，其入不距。翛然而往，翛然而来而已矣。不忘其所始，不求其所终。受而喜之，忘而复之。……死生，命也；其有夜旦之常，天也。(《庄子·大宗师》)

在普通人看来，生似乎是幸运，而死是不幸。然而，在庄子看来，生与死是每个人都会经历的生命周期，所以它们之间在本质上并无任何不同。庄子似乎在劝说人们相信，我们应当将幸运和不幸看作是平等的，而这些都是人类完成生命周期同样重要的过程。

然而，幸运与不幸的相同并不意味着我们不应该回避灾祸并且保养自己的生命。毕竟，在庄子看来，生命至少应当与死亡一样重要。如果一些外在的事情会伤及人类生命，人们就应当尽力回避它们，因为它们会影响到我们自然的生活。这正如著名汉学家葛瑞汉（A.C. Graham）所言：

尽管我的身体的成熟和衰老是由天注定的，不以我的意志为转移，但是作为一个思考的人，我不得不通过吃饱肚子并照顾我自己的健康来协助这一进程。与此类似，我通过思考和作为学徒的努力，培养了一种自然的技巧，并且通过庄子自己的哲学培养了一个圣人。[1]

那么，庄子是怎样培养这种"自然的技巧"来回归到自己原初的本性并保持自己生命的完满呢？在《养生主》中，庖丁的故事多

---

[1] A. C. Graham, Disputers of the Tao, La Salle, Ill.: Open Court, 1989, p.196.

少能够为我们提供一些启示。

让我们先看一下"庖丁解牛"的故事：

庖丁为文惠君解牛。手之所触，肩之所倚，足之所履，膝之所踦，砉然向然，奏刀騞然，莫不中音：合于《桑林》之舞，乃中《经首》之会。文惠君曰："嘻，善哉！技盖至此乎？"庖丁释刀对曰："臣之所好者，道也，进乎技矣。始臣之解牛之时，所见无非全牛者；三年之后，未尝见全牛也。方今之时，臣以神遇而不以目视，官知止而神欲行。依乎天理，批大郤，导大窾，因其固然，技经肯綮之未尝，而况大軱乎！良庖岁更刀，割也；族庖月更刀，折也。今臣之刀十九年矣，所解数千牛矣，而刀刃若新发于硎。彼节者有间，而刀刃者无厚；以无厚入有间，恢恢乎其于游刃必有余地矣！是以十九年而刀刃若新发于硎。虽然，每至于族，吾见其难为，怵然为戒，视为止，行为迟，动刀甚微，謋然已解，如土委地。提刀而立，为之四顾，为之踌躇满志，善刀而藏之。"文惠君曰："善哉！吾闻庖丁之言，得养生焉。"（《庄子·养生主》）

在这个故事中，庖丁似乎并没有用他的眼睛和感官去切割牛；实际上，他是在用"神"来做这项工作。这就意味着，他不再对牛的外在特征倾以多大关注，而是在用他自己积累多年的经验和感觉来切割牛。庖丁切牛的方式遵循着他自己对牛的自然结构的感觉，因此他能够避免一切对刀子所可能造成的磨损。在这里，庄子似乎在将刀子比作庖丁自己，因为庖丁和刀子实际上在他工作的时候已经合为一体了。防止刀子受到磨损就等于防止人类生命受到伤害。庄子在这里似乎隐含着这样的意思：为保全生命，人类作为一种和其他生物生活在一起的物种，不可避免要与其他生物之间互相关联，就像刀子不可避免要与牛的身体接触。但是假如一个人能够掌握"道"的精髓，正如庖丁所做的那样，他就能避免与世界上的其他人和物发生冲突，正如庖丁用自然方式使用的刀能够避免牛的韧带或肌腱对刀所造成的磨损。然而，即便某人能够基本上掌握"道"的精髓，那也不意味着他就能彻底放弃使用感官或者不需要进一步感知外在事物。事实上，对庖丁来说，"每至于族，吾见其难为，怵然为戒，视为止，行为迟，动刀甚微"。

庖丁解牛的过程有三个阶段，从这三个阶段中我们可以看出道家视野中的治国观。第一个阶段是充分运用我们的感官去认清外在事物的本质特征，从而使我们能够按照它们各自的特征来行动。在这个阶段中，举例来说，庖丁应当把主要精力放到认识牛的外在和内在特征上，因为当他第一次开始切牛的时候，他对牛的情况一无所知。第二个阶段就是在观察外部事物的过程中，如果"道"已经通过个人积累的经验和感觉获得，那就应该逐渐放弃使用感官。在这个阶段中，庖丁不再使用他的眼来观察牛；实际上，他在使用他的精神，也就是经过多年经验培养而成的"神"来切割牛。第三个阶段就是返回到第一阶段，就是要再次运用感官来处理遭遇的新情况和新问题。由于新情况和新问题是从来没遇到过的，而且可能会比以前遇到的任何情况都复杂，一个人就应当像庖丁一样，充分而谨慎地运用他的感官来重新分析它。只有通过这种方式，新的问题才能被解决。

通过这条走向"道"的路程，我们可以看到一些分离但却互相关联的阶段。在第一阶段，人们首先应当用一种谨慎的方式处理外部事务从而能够知道它们到底是什么。在这个阶段中，人往往被置于人际关系的网络之中。在此时，由于人需要处理世间事务，天和人是分离的。在庄子看来，在下一个阶段，人们不应当只迷惑于世间事物而在与它们的纠葛中迷失自己。如果人们只是迷恋于外在的享乐或诱惑，他们就会被轻易地误导并且将他们的生命置于危险之地。在这个意义上，尽管人类生活在人类世界之中，他们也应当尽力使自己的精神摆脱这个充满享乐与诱惑的人间世界。庄子说："夫欲免为形者，莫如弃世。弃世则无累，无累则正平，正平则与彼更生，更生则几矣！……夫形全精复，与天为一。"（《庄子·达生》）在庄子看来，只有人能"弃世"，也就是说，从这个世界"隐退"，他才能真正接近"道"并使自己与天合一。

庄子的这个观点与上面提到的庄子有关人应该参与人间事务的主张并不矛盾。上面这个篇章的确容易被人误解为庄子只主张从世界"隐退"。然而，正如上述所引篇章所展示的那样，这个篇章只有置于《庄子》的整个文本语境中才能被理解得更为充分。对庄子来说，人们不应当只与天为伴，必须同时融入人间世界中去。融入人间事务中去并不会阻碍人们与天为伴。庄子说："故其好之也一，其弗好之也一。其一也一，其不一也一。其一与天为徒，其不一与人为徒，天与人不相胜也，是之谓真人。"（《庄子·大宗师》）这样，人生活在社会中并不排除脱离社会的可能性，人依然可以生活在社会中，并同时与天为伴。在这个过程中，"道"可以实现，而生命也可以通过道的实行保持完满。

那么，人怎样才能既在社会中生活，又能"脱离"开这个世界呢？庄子说："行不知所之，居不知所为，与物委蛇而同其波。是卫生之经已。"（《庄子·庚桑楚》）这段话似乎表明实现"脱离"社会的方式在于"与物委蛇"。这是一种对待外部事务的成熟态度，它要求人们用一种暂时和权宜的方式来对待外部事务，只有这样，才能"卫生"，也就是保卫、保全自己的生命。这实际上就是庄子提出的"内直外曲"之说：

然则我内直而外曲，成而上比。内直者，与天为徒。与天为徒者，知天子之与己皆天之所子，而独以己言蕲乎而人善之，蕲乎而人不善之邪？若然者，人谓之童子，是之谓与天为徒。外曲者，与人之为徒也。擎跽曲拳，人臣之礼也。人皆为之，吾敢不为邪？为人之所为者，人亦无疵焉，是之谓与人为徒。（《庄子·人间世》）

庄子认为，"内直"就是指在内心中保持与天的一致，只有这样才能实现天道；"外曲"就是指人在面对世间的各种礼仪风俗时，不得不遵循它们。因为所有人都这么做，我如果不做，那就必然会招致灾祸。所以，一个人只要保持了"内直外曲"之道，就既能实现天道，又能游刃有余地在这个世界上生存。

虽然在庄子看来，"内直"和"外曲"最好能同时完成，如果他最终能成为"天之徒"，就完全能避免为人事所驱使和伤害。庄子说：

故圣人有所游，而知为孽，约为胶，德为接，工为商。圣人不谋，恶用知？不斫，恶用胶？无丧，恶用德？不货，恶用商？四者，天鬻也。天鬻也者，天食也。既受食于天，又恶用人！（《庄子·德充符》）

所以，对庄子来说，"与天为徒"乃是一种最高的人生理想。人生的意义即在于从"与人为徒"向"与天为徒"的不断趋近，而在这一过程中，"与人为徒"和"与天为徒"会同时相伴相行，就像庖丁解牛的第一阶段（使用感官认知事物）和第二阶段（使用"神"来体悟和实践"道"）会交替并存。在庄子看来，一个人并不会因为隐退山林就成为"圣人"，比隐退山林更重要的是心灵的自由。即便一个人在现实社会中生存，他也同样可以实现"与天为徒"的最高理想。庄子说：

> 若夫不刻意而高，无仁义而修，无功名而治，无江海而闲，不道引而寿，无不忘也，无不有也。淡然无极而众美从之。此天地之道，圣人之德也。(《庄子·刻意》)

因此，所谓道家的无为而治，并不是让统治者无所事事，而是要在认识外在事物与提升内在境界的过程中，体现出无为而治的最高境界，也就是达到"道"的最高境界。

与道家之道相比较，儒家之道似乎更关注人间之道。当然，儒家之道所关注的人间道并不是如道家那样的自然无为的人生哲学，而是主张修身、立志、成德、齐家、治国、平天下的内圣外王之道。同样，儒家虽比较强调治国平天下这种外在的政治理想，但同样在内在修身的层面具有形而上的诉求（天地万物一体为仁），虽然这种形而上的诉求并不完全同于道家对于世界本体的追问。道家和儒家似乎都在用自己的方式来解释这个世界，包括宇宙本体和人本身。前者强调宇宙的形而上本体，以及人如何体悟到道本身并与道合一；后者强调道德的形而上本体，以及人如何通过修道的方式在现实社会中实现这一本体论理想。前者更加重视个体的开悟和内化，而后者则更重视个体的修持和实践。

三、法家的法治

商鞅历来被认为是法家的创立者。他在秦朝发动了多次改革，把秦国从一个落后国家逐渐转变成为一个军事强大的国家。作为法家学派的奠基者，商鞅首先强调的是国家制度顺应时势和变化的重要性。如下：

公孙鞅曰："子之所言，世俗之言也。夫常人安于故习，学者溺于所闻。此两者所以居官而守法，非所与论于法之外。三代不同道而王，五霸不同法而霸，故知者作法，而愚者制焉；贤者更礼，而不肖者拘焉。拘礼之人，不足与言事；制法之人，不足与论变。君无疑矣。"

杜挚曰："臣闻之，利不百，不变法；功不十，不易器。臣闻法古无过，循礼无邪。君其图之。"

公孙鞅曰："前世不同教，何古之法？帝王不相复，何礼之循？伏羲神农教而不诛，黄帝尧舜诛而不怒，及至文武，各当时而立法，因事而制礼。礼法以时而定，制令各顺其宜，兵甲器备各便其用。臣故曰：'治世不一道，便国不必古。'汤武之王也，不循古而兴；商夏之灭也，不易礼而亡。然则反古者未可必非，循礼者未足多是也。君无疑矣。"（《商君书·更法》）

因此，每一个时代都有其独特的历史境遇和特点，这就要求国家制度必须要按照时代的发展和历史的境遇不断调整自身的结构和功能，才能更加适应社会和时代的发展。在这一理论前提下，商鞅才提出在当时的战国时期,只有严格的法律和等级制度才能保障一个国家社会秩序的稳定。

天地设,而民生之。当此之时也,民知其母而不知其父,其道亲亲而爱私。亲亲则别,爱私则险,民众而以别险为务,则民乱。当此时也,民务胜而力征。务胜则争,力征则讼,讼而无正,则莫得其性也。故贤者立中正,设无私,而民说仁。当此时也,亲亲废,上贤立矣。凡仁者以爱利为务,而贤者以相出为道。民众而无制,久而相出为道,则有乱。故圣人承之,作为土地货财男女之分。分定而无制,不可,故立禁。禁立而莫之司,不可,故立官。官设而莫之一,不可,故立君。既立君,则上贤废,而贵贵立矣。然则上世亲亲而爱私,中世上贤而说仁,下世贵贵而尊官。上贤者,以赢相出也;而立君者,使贤无用也。亲亲者,以私为道也,而中正者使私无行也。此三者,非事相反也,民道弊而所重易也,世事变而行道异也。故曰:"王道有绳。"(《商君书·开塞》)

对于韩非子来说,儒家和墨家都以尧舜之道来作为自己的政治理想。然而,尧舜之道乃三千年之前的事情,我们根本就不能寻找到有关尧舜之道的历史证据。在这一前提下,依据所谓先王之道而做出的判断就肯定不是正确的。

殷、周七百余岁,虞、夏二千余岁,而不能定儒、墨之真;今乃欲审尧、舜之道于三千岁之前,意者其不可必乎!无参验而必之者,愚也;弗能必而据之者,诬也。故明据先王,必定尧、舜者,非愚则诬也。愚诬之学,杂反之行,明主弗受也。(《韩非子·显学》)

商鞅的著作《商君书》中有关于人性好利的结论:"民之生,

饥而求食，劳而求佚，苦则索乐，辱则求荣，此民之情也。民之求利，失礼之法……"（《商君书·算地》）。众所周知，秦国政府是以商鞅的法家理论为指导原则的，而法家的人性论无疑是其政治学的根本前提。只有认识到人性的弱点，才有必要设计出法律法规等来约束人性，维护正常的社会秩序。

商鞅认为人性好利，强调法律在控制人性和创建秩序化社会中的重要作用。商鞅说："故明主慎法制。言不中法者，不听也；行不中法者，不高也；事不中法者，不为也。"（《商君书·君臣》）然而，商鞅主要关注的是怎样设计出某种类型的法律和规范系统来统治和驾驭人民，而不是将他们培养成有道德的人。对商鞅来说，一旦政府能够充分地执行法律和规定，人民也能够遵循政府制定的规章制度，这个政府就能被称作是好的政府。在这个意义上，人民的地位不如政府和法律的地位重要。事实上，人民甚至可能被看作是政府集结国家权力和增加财富与军事力量的工具。（参见《商君书·说民》）在这个前提下，法律成为一个国家最重要的制度。因此，在法律面前，人人不论出身等级，都必须要平等。商鞅说：

所谓壹刑者，刑无等级。自卿相将军以至大夫庶人，有不从王令，犯国禁，乱上制者，罪死不赦。有功于前，有败于后，不为损刑。有善于前，有过于后，不为亏法。忠臣孝子有过，必以其数断。守法守职之吏，有不行王法者，罪死不赦，刑及三族。（《商君书·赏刑》）

韩非子也说：

法不阿贵，绳不挠曲。法之所加，智者弗能辞，勇者弗敢争。刑过不辟大臣，赏善不遗匹夫。故矫上之失，诘下之邪，治乱决缪，

绌美齐非，一民之轨，莫如法。属官威民，退淫殆，止诈伪，莫如刑。(《韩非子·有度》)

商鞅只是承认了人性好利，这不同于荀子的道德判断——人性为恶。商鞅说："民之性，度而取长，称而取重，权而索利。明君慎观三者，则国治可立，而民能可得。"(《商君书·算地》) 从这里我们可以看出，商鞅并不想从道德的角度评判人性。实际上，他最关心的是怎样通过理解人性，设计出一套法律和法规系统来统治人民而不是用道德教化他们。这也是法家和儒家的根本区别。在法家看来，培养和转化人性的方法对建立一个稳定而强大的国家来说太过迟缓，甚至根本就是不可能的。在这方面，法律和法规将会更加实用有效。商鞅说：

用善，则民亲其亲；任奸，则民亲其制。合而复之者，善也；别而规之者，奸也。章善则过匿，任奸则罪诛。过匿则民胜法，罪诛则法胜民。民胜法，国乱；法胜民，兵强。故曰：以良民治，必乱至削；以奸民治，必治至强。(《商君书·说民》)

然而，对儒家来说，道德修养永远是最重要的，因为它是建立一个好的政府不可缺少的条件。荀子依然遵循着这一儒家的信仰。对荀子来说，即便我们能够通过法律系统的运作创造一个秩序化的社会和稳定的国家，我们也没有创造出最好的政府，而这一最好政府的建立是离不开每个人的道德修养的。荀子所着力做的是通过引入外在手段转化人性并引导他们走向道德修养之路，从而实现儒家的道德和政治理想。

商鞅对于"霸"则是这么认为的：

故三王以义亲，五霸以法正诸侯，皆非私天下之利也，为天下治天下。是故擅其名，而有其功，天下乐其政，而莫之能伤也。今乱世之君臣，区区然皆擅一国之利，而管一官之重，以便其私，此国之所以危也。故公私之交，存亡之本也。（《商君书·修权》）

这样，在商鞅看来，王和霸在统治中都有共同的优点，那就是，对整个国家而不是对他们个人私利的关切。在他们中间，王以义来统治，而霸以法来统治。尽管他们在选择统治方式上不同，但他们的目的是相同的。那就是，维护一个秩序化的社会和好的政府。对商鞅来说，需要避免的是那种只为自己谋取私利的统治者。

四、墨家的治国之道

孟子曾叹道："杨朱、墨翟之言盈天下。天下之言不归杨，则归墨。"（《孟子·滕文公下》）这样，墨家思想在战国中后期对儒家思想提出了巨大的挑战。面对墨家的挑战，如果儒家不能将其完全驳倒，它就不能使其自身取信于民，更别提兴盛与发展了。那么，墨子的思想是怎样对儒家思想提出挑战的呢？让我们先来看一段《墨子》中的记述：

子墨子自鲁即齐，过故人，谓子墨子曰："今天下莫为义，子独自苦而为义，子不若已。"子墨子曰："今有人于此，有子十人，一人耕而九人处，则耕者不可以不益急矣。何故？则食者众，而耕者寡也。今天下莫为义，则子如劝我者也，何故止我？"（《墨子·贵义》）

在墨子看来，他自己就像这个开垦土地的"耕者"。对墨子来说，有人来耕地总好过没有人耕地，因为耕地的那个人至少可以为其他人创造一些福利。墨子尤其提到：

故言必有三表。何谓三表？子墨子言曰："有本之者，有原之者，有用之者。于何本之？上本之于古者圣王之事。于何原之？下原察百姓耳目之实。于何用之？发以为刑政，观其中国家百姓人民之利。此所谓言有三表也。"（《墨子·非命上》）

这样，在墨子看来，一旦某种措施能够为国家和人民创造利益，那就是一项好的措施。同样的道理也适用于道德领域。对墨子来说，一旦某个道德原则，比如义，能够为国家和人民创造利益，那它就应该被重视和推广。相反，如果某个道德原则，比如礼，不能为国家和人民创造利益，那就应该被抛弃。墨子的这一主张类似于功利主义的伦理学，只要能够产生物质利益的道德原则就是好的，反之则是不被肯定的。比方说，墨子极力批评厚葬的做法：

此存乎王公大人有丧者，曰棺椁必重，葬埋必厚，衣衾必多，文绣必繁，丘陇必巨；存乎正夫贱人死者，殆竭家室，……以此共三年。……若法若言，行若道，使王公大人行此，则必不能蚤朝，五官六府，辟草木，实仓廪。使农夫行此，则必不能蚤出夜入，耕稼树艺。使百工行此，则必不能修舟车为器皿矣。使妇人行此，则必不能夙兴夜寐，纺绩织纴。细计厚葬，为多埋赋之财者也。计久丧，为久禁从事者也。财以成者，挟而埋之；后得生者，久而禁之，以此求富，此譬犹禁耕而求获也，富之说无可得焉。（《墨子·节葬下》）

所以，在墨子看来，如果厚葬被每个人履行，社会就不能增加财富，而人民的生活也就不能得到相应提高。这样，厚葬就应该被废弃。墨子的学说似乎有一定道理，因为如果厚葬不能带来任何利益而只能增加人民的负担，那我们为什么还要浪费金钱在这上面呢？对墨子来说，节省在厚葬中花费的资源用以恩惠人民似乎是一条更现实的道路。在《墨子》中，有一整章的题目就是"节用"。

正如墨子，荀子也强调了节省用度以恩惠人民。荀子说道："足国之道：节用裕民，而善藏其余。"（《荀子·富国》）这样，荀子也强调节省用度以恩惠民众。然而，荀子拒绝墨子在节省花费方面的主张，因为墨子的节约过于极端以至于社会阶层和等级都可以被置之不顾。荀子说："不知壹天下建国家之权称，上功用，大俭约，而僈差等，曾不足以容辨异，县君臣；然而其持之有故，其言之成理，足以欺惑愚众。是墨翟、宋钘也。"(《荀子·非十二子》)

对荀子来说，墨子对厚葬的贬斥就等同于贬斥礼，这会使得社会陷入混乱之中。荀子又说道，

> 墨子大有天下，小有一国，将少人徒，省官职，上功劳苦，与百姓均事业，齐功劳。若是则不咸，不咸则赏罚不行。赏不行，则贤者不可得而进也；罚不行，则不肖者不可得而退也，……若是，则万物失宜，事变失应，上失天时，下失地利，中失人和，……既以伐其本，竭其原，而焦天下矣。(《荀子·富国》)

所以，对荀子来说，良好的社会秩序来源于礼的划分社会阶层和阶级的功能，如果没有礼的参与，社会将会陷入混乱之中。正如前面所述，在荀子看来，善政或仁政表现在礼所能带来的良好的社会秩序和相应的道德转化力量。墨子对礼的贬斥促使荀子进一步发展了儒家关于礼的学说，并极力捍卫他的善政立场。荀子说：

> 孰知夫礼义文理之所以养情也！故人苟生之为见，若者必死；苟利之为见，若者必害；苟怠惰偷懦之为安，若者必危；苟情说之为乐，若者必灭。故人一之于礼义，则两得之矣；一之于情性，则两丧之矣。故儒者将使人两得之者也，墨者将使人两丧之者也，是儒墨之分也。(《荀子·礼论》)

对荀子来说，只有儒者知道礼能够带来人的道德转化，然而墨家则轻视了礼在转化人的道德情感方面的重要作用。在荀子眼中，

墨子过分强调了利而贬低了礼。墨子之所以贬低礼的原因就在于礼不能带来任何物质性的利益。然而，对荀子来说，即便礼不能在短时间内带来物质利益，它仍然不能被抛弃，因为礼有一项非常重要的功能，那就是道德培养。

对于墨家来说，其政治理想体现于"尚贤"与"尚同"的原则中。墨子说：

故古者圣王之为政，列德而尚贤，虽在农与工肆之人，有能则举之，高予之爵，重予之禄，任之以事，断予之令，曰："爵位不高则民弗敬，蓄禄不厚则民不信，政令不断则民不畏。"举三者授之贤者，非为贤赐也，欲其事之成。故当是时，以德就列，以官服事，以劳殿赏，量功而分禄。故官无常贵，而民无终贱。有能则举之，无能则下之。举公义，辟私怨，此若言之谓也。（《墨子·尚贤上》）

因此，国家使用人才的标准就是这个人是否贤能，而不论其出身。对于墨家来说，这也是平民阶级进入统治阶层的途径。而对于"尚同"，墨子则认为：

古者民始生，未有刑政之时，盖其语"人异义"。是以一人则一义，二人则二义，十人则十义。其人滋众，其所谓义者亦滋众。是以人是其义，以非人之义，故交相非也。是以内者父子兄弟作怨恶，离散不能相和合。天下之百姓，皆以水火毒药相亏害。至有余力不能以相劳，腐朽余财不以相分，隐匿良道不以相教。天下之乱，若禽兽然。

夫明摩天下之所以乱者，生于无政长。是故选天下之贤可者，立以为天子。天子立，以其力为未足，又选择天下之贤可者，置立之以为三公。天子三公既以立，以天下为博大，远国异土之民，是非利害之辩,不可一二而明知,故画分万国,立诸侯国君,诸侯国君既已立,以其力为未足,又选择其国之贤可者,置立之以为正长。……察国之所以治者何也?国君唯能壹同国之义,是以国治也。国君者,国之仁人也。国君发政国之百姓,言曰:"闻善而不善,必以告天子。天子之所是,皆是之;天子之所非,皆非之。去若不善言,学天子之善言;去若不善行,学天子之善行。则天下何说以乱哉。"察天下之所以治者何也?天子唯能壹同天下之义,是以天下治也。(《墨子·尚同上》)

因此,如果在原始状态下,人们只是互相争斗戕害,就必须要通过设立天子和三公来治理国家,使得每个人都能够"上同"而不"下比",实现各自的"义",从而达到天下的大治。

与孔子和孟子相比,墨子也同样相信道德本身具有的吸引力会使得天下人都趋之若鹜。墨子说:"今若有能以义名立于天下,以德来诸侯者,天下之服可立而待也。夫天下处攻伐久矣,譬犹傅子之为马然。"(《墨子·非攻下第十九》)然而,对墨子来说,道德领袖的产生本身就是有疑问的。那么墨子又是如何实现自己的政治理想呢?墨子的解决方案是通过逻辑劝说统治者进行兼爱的道德培养。这种方法看似是一种解决孔子和孟子实现仁政理想困境的途径,但其实也同样具有不现实性。当时的统治者既难以为孔子和孟子的道德劝说说服,也同样很难为墨子的逻辑劝说打动。

面对这一难题,荀子认为不应该单纯在统治者身上下功夫,还应该在统治者影响社会及国家的方式上下功夫。这一方式就是通过国家施行的礼制来实现人们的道德转变。礼制看似是一种生硬的国家制度,但它具有强大的道德转化能力。通过礼制潜移默化的作用,人们就有可能发生道德上的转化,成为有道德的人。与墨子相比,荀子并不认为人们能够因为某个道德领袖的道德努力就会自发地成为道德的人；实际上，荀子相信人们应当依赖礼来培养他们自己成为道德的人，这是一条更为有效且可行的道路。

对荀子来说，不仅礼，而且乐也应该在转化人性具有道德这一点上发挥重要作用。荀子谴责墨子不懂音乐在道德培养中的重要功能：

墨子曰："乐者，圣王之所非也，而儒者为之过也。"君子以为不然。乐者，圣王之所乐也，而可以善民心，其感人深，其移风易俗，故先王导之以礼乐，而民和睦。(《荀子·乐论》)。

在《乐论》篇，荀子也讨论了音乐在维护社会秩序中的作用。所以，对荀子来说，礼乐都可以被应用为一种维护社会秩序和培养人们道德情感的工具，而这些正是善政或仁政所需要的。用这种方式，荀子捍卫了儒家关于仁政的立场。

第二章
治国思想的具体内容

古代典籍中的治国思想包含了诸多方面的内容,虽然其思想根源为上一章所提到的诸子百家思想,但这些思想在其产生发展的历史过程中,仍然呈现出多元化和阶段性的特点。这一章我们就从古代经典文本出发,探讨治国思想中包含的诸多方面,这其中主要包括民本思想、法治思想、廉政思想、赏罚思想、变革思想、修身与治国的关系等。

一、民本思想

《尚书·大禹谟》中提到："禹曰：'惠迪吉，从逆凶，惟影响。'"这句话是说，如果人顺道而行就能获吉，而如果逆道而行就会遭凶，吉凶之报如影之随形，响之应声。从这里我们可以看出，人的祸福吉凶都是与人是否能够顺道而行有关。如果人能顺道而行，自然能够得到善报而获福，而如果人不顺道而行，就会遭遇祸患。人的德行决定了人在世俗的生活中获得的幸福。既如此，那对人们赐福或降凶的主体是什么呢？它又为什么会以人的德行作为能够获得吉凶的标准呢？

《尚书·皋陶谟》中说道："天秩有礼，自我五礼有庸哉！……天命有德，五服五章哉！……天讨有罪，五刑五用哉！"这就是说，天是对人们赐福或降凶的主体，而之所以天会以人的德行作为赏罚的标准就是因为天本身是有德的。天本身就已经是道德秩序和礼仪秩序的载体和象征，因此，人本身能否有德行、是否能与天保持一致，就是天能否降福的评判标准。在这个意义上，天是以人能否与自己保持同样的德行来作为奖赏或赐福的前提。天之所以会以人的德行好坏作为能否获得吉凶的标准，就是因为作为道德的天会眷佑或庇护与之类似的人。在中国古代文化中，子嗣的"肖"与"不肖"乃是影响文化与习俗传承的关键。在一个家庭中，如果子肖父，则可以传承家业；在一个国家中，如果储君肖君，则可以传王位。因而，在中国这样一个极其重视文化传统传承的氛围中，天与人的关系实际上已经在现实中演化为家族延续乃至帝位传承的内在根据。

虽然天是赐福有德之人的主体，但在《尚书》中，我们还可以发现一些其他影响人们能否得福的因素。《尚书·伊训》中提到："山川鬼神，亦莫不宁。暨鸟兽、鱼鳖，咸若。"这是在说，如果君王有德而行德政，山川的鬼神，也没有不安宁的，就连同鸟兽鱼鳖也都是这样。这样它们也会降福人君而无妖孽。因此，除了天对有德之人的赐福，山川的鬼神乃至飞禽走兽亦会感念有德之人的恩德而降福于它。我们可以看到，无论是从天与人的关系角度，还是人与鬼神乃至自然界的关系角度来看，有德之人都能够得到福祉。

在现实政治中，天与人的这种德福关系往往成为一个王朝或政治集团推翻另外一个王朝或政治集团的合法性根据。一个君主一旦失德，必将会被天废弃，并被另一个有德之人取代。在《尚书·甘誓》中，夏启在征讨有扈氏时说道："嗟！六事之人，予誓告汝：有扈氏威侮五行，怠弃三正，天用剿绝其命。今予惟恭行天之罚。"这就是说，有扈氏的所作所为已经违反了五行之德，因而天要求夏启来剿灭他。《尚书·汤誓》中言道："非台小子敢行称乱，有夏多罪，天命殛之。……予惟闻汝众言，夏氏有罪，予畏上帝，不敢不正。"因而，商汤之所以要征讨夏桀，就在于夏桀无德，天命要商汤剿灭夏桀。在《尚书·汤诰》中，这一思想就表现得更加明显了："天道福善、祸淫，降灾于夏，以彰厥罪。"这就明确地提出，天道就是要对善行赐福而对夏桀的恶行降祸。在《尚书·伊训》中，伊尹认为从禹以下，少康以上皆是贤王，因而都能以德禳灾——"古有夏先后，方懋厥德，罔有天灾。"因而，有德之君就能回避灾祸而永葆幸福。在这个意义上，天不再是一如既往地庇护某个君王或他的国家，天眷顾与否要看这个君王是否有德。有德之君自然能够得到天的庇护，而无德之君必然会遭到天的舍弃。正因此，伊尹感慨道："惟上帝不常。作善，降之百祥；作不善，降之百殃。尔惟德罔小，万邦惟庆；尔惟不德，罔大，坠厥宗。"（《尚书·伊训》）又说："惟天无亲，克敬惟亲。"（《尚书·太甲》）"天难谌，命靡常。

常厥德，保厥位。厥德匪常，九有以亡。"（《尚书·咸有一德》）这就是说，在无常的天命面前，人的命运也变化不定。但在这不定的命运中，也有一种永恒的力量存在，这就是人的德行。如果能够长久地保持德行，人就能得到天命的眷顾，获得幸福。

在天是人类事务最高主宰的前提下，君王不只自己要遵循天德，而且还要按照天德的标准来对臣子和民众进行赏罚。在《尚书·仲虺之诰》中提到："德懋懋官，功懋懋赏。用人惟己，改过不吝。克宽克仁，彰信兆民。"如果人们有德行，就要给予他们官职以勉励他们；如果人们有功劳，也要用赏赐来鼓励他们。在这个意义上，君王无疑成了天命的代言人，他可以根据人的德行来决定赏罚。当然，君王对臣下的赏罚是依据天道而行的。如果臣下能够依天道而行善事，那就要得到善报；如果不依天道而行恶事，那也自会得到恶报。所有的因果报应都是由天决定的，只是需要假手君王这一中介。

在《尚书》中，到了描述周代情况的《周书》部分时，天与人的这种关系发生了一些微妙的变化。在《泰誓》篇中，周武王说：

今商王受，弗敬上天，降灾下民。沉湎冒色，敢行暴虐，罪人以族，官人以世，惟宫室、台榭、陂池、侈服，以残害于尔万姓。……皇天震怒，命我文考，肃将天威，大勋未集。肆予小子发，以尔友邦冢君，观政于商。惟受罔有悛心，乃夷居，弗事上帝神祇，遗厥先宗庙弗祀。（《尚书·泰誓上》）

在周武王解释为何要征讨商纣的这段话中，我们可以看到，商纣王荒淫无道，暴虐民众，所以上天震怒而命武王灭商。这样一种讨伐的理由完全是站在民众的角度上来说的——如果民众受到残害，上天必然会震怒，就一定会假手有德之君来推翻这种暴虐的统治。《泰誓上》篇又说道:"天矜于民,民之所欲,天必从之。"这就是说,天怜爱人民,人民需求什么,天就会遵从人民的意愿。如果民众憎恶怨恨一个统治者,那么天就会惩罚这个统治者;如果民众喜爱、拥护一个统治者,那么天就会赐福于这个统治者。《泰誓中》篇接着提到:"天视自我民视,天听自我民听。"这就是说,天因民而视、听,民众所憎恶者,天必诛之。而在《牧誓》篇中,在解释武王伐纣的理由时,也说道:"今商王受无道,暴殄天物,害虐烝民。"在《蔡仲之命》篇中,更有这样一段颇具总结性的话语:"皇天无亲,惟德是辅;民心无常,惟惠之怀。"在这里,"皇天"和"民心"被视作同等重要的因素。

我们可以发现,周武王在伐纣时,强调的理由主要是纣王的失德和荒淫无道造成了民众的怨愤,从而民众要求推翻殷纣王的统治。相比起商汤对夏桀的征讨誓言来说,周武王明显将天与普通民众的需求联系在了一起。商汤只是强调夏桀的无德,从而上天必然会降祸于他,但他没有将天的降祸与民众的需求联系在一起,因而天降祸的原因就只是因为君主不能持有德行,所以道德的天必然会舍弃失德之君主。这样的一种解释虽然也能说明征讨失德君主的合法性,但远远不如从民众的角度来解释天对失德之君的惩罚更有说服力。

从民众的角度来解释征伐的理由,就形成了这样一种逻辑的因果链条:君主失德→民众怨恨→天赋予有德之人征伐失德之君的权力。相比起先前的"君主失德→天赋予有德之人征伐失德之君的权力"的解释结构,这样将民众的需求插入到天与德的关系结构中,就能为"德"找到一个现实的落脚点。在先前的解释结构里,如果一个君主失德,那就必然会使天舍弃他,因为道德的天总是庇护有德之人而舍弃无德之人。天之所以会庇护有德之人就是因为天自身是道德的,因而就会庇护和自己相似的人。而将民众的需求插入到这一解释结构中后,逻辑就变成了这样一种情形:如果一个君主失德,就会造成民众的怨恨和憎恶,而天是亲民的,所以就会帮助民众推翻这个君主。原先的"天"亲德,而现在的"天"则更亲民。前者的天虽然出于亲德的原因而赋予人征伐无德之君的权力,但这种"天赋神权"更多取决于天的主观意志,因而显得更加主观。但后者则不然。后者的天是由于无德之君造成了民怨沸腾,从而出于亲民的原因而赋予人征伐无德之君的权力,这样的一种赋权更多是由于失德所造成的不良后果而作出的反应,因而显得更加客观。在后一种意义上,不管天亲不亲德,都要赋予有德之人以合法性根据来推翻暴虐的统治者,因为暴虐的统治造成了民众的怨愤。当然,天并没有因为亲民的原因而放弃亲德,而是在亲德的基础上融合了亲民的因素。从亲德到亲民,这无疑是一次巨大的思想飞跃。后来《大学》中的"大学之道,在明明德,在亲民,在止于至善",便是这一从亲德到亲民思想转变的最好注解。

《尚书》中强调的有德之人必然得福而失德之人必然遭祸的思想,围绕的一个主题就是福和祸。那么,在《尚书》看来,什么才是福,什么才是祸呢?在《尚书·洪范》篇中,我们找到了答案:

五福:一曰寿,二曰富,三曰康宁,四曰攸好德,五曰考终命。六极:一曰凶短折,二曰疾,三曰忧,四曰贫,五曰恶,六曰弱。

我们可以看到,这里的福和祸是和人类的日常生活紧密联系在一起的。寿命、财富、健康等都是决定一个人在现实世界生活得好与坏的关键。正因为这些对我们如此重要,所以我们才需要不断修持德行,获得这些福祉。这样一种对福与祸的现实定义,无疑能在很大程度上促进人们积德向善。一个人要获得幸福,首先就要修德。我们可以看出,《尚书》在劝人行善时所提出的理由偏重于物质的一面,即如果一个人如果能积德行善,就能最终获得天命的眷佑从而获得现实世界中所能得到的一切物质财富。对一个普通人而言,这无疑是一种极为强大的道德行为动力。事实上,在《尚书》中,无论是从天命总是眷佑具有德行的人这一点,还是从具有德行的人会使得民众心悦诚服地拥护他这一点来说,具有德行的人总能够获得现世的福报,无论这种福报是来自于天,还是来自于普通民众。《尚书·酒诰》中说:"人无于水监,当于民监。"孔传:"视水见己形,视民行事见吉凶。"这就是说,为政者不能只用水来做镜子照看自己,更应该以民众的利益来作为自己施政的标准。如果不以民众的利益为出发点,所施行的政策必然是失败的。这显然强调了民众利益在治国施政中应当作为首要考量的因素。

《尚书·文侯之命》中说:"惠康小民,无荒宁,简恤尔都。"这句话的意思是说,要给臣民以幸福,不要荒废政务,贪图安逸,要特别地爱护国家的臣民。《尚书·皋陶谟》中说:"安民则惠,黎民怀之。"意思是说,使老百姓安定,就是给他们恩惠,老百姓就会归顺君主。

《国语》中记有:"圣人知民之不可加也。故王天下者,必先诸民,然后庇焉,则能长利。"(《国语·周语中》)这是说圣人懂得老百姓是不可欺侮的。所以称王天下的人一定要把老百姓的利益放在前面,然后才能受到庇护,长久地得到好处。

《论语》中记载了一段子贡与孔子的对话。

> 子贡问政,子曰:"足食,足兵,民信之矣。"(《论语·颜渊》)

子贡问孔子应怎样治理国家政事,孔子回答说:"粮食充足,军备充足,人民信任政府。"孔子的回答似乎很简短,但看似简短的三句话中包含了丰富的内容。"足食"就意味着让百姓能够吃饱,不再担忧温饱的问题,这样,民众才能知礼节,懂教化。"足兵"就是要使军备充足,才能保证国家的安全和社会的秩序。具备了这两个条件以后,民众就会对国君充分地信任。仔细分析孔子的这三句话,我们发现孔子对如何从政的描述完全围绕着民众及与民众相关的事情。温饱、安全、信任,这些都是人民在生活中时时刻刻需要的,只有具备了这些条件,人民才能生活得幸福,国家和社会才能长治久安。

在这个前提下,孔子必然要求君主在从政时时时刻刻注意民众的因素。他说:"敬事而信,节用而爱人。使民以时。"(《论语·学而》)这就是要求君主对政事慎重而讲信用,节约费用并爱护人民,根据农时来使用民力而不能毫无限度地使用民力。这其实就是在约束和规范国君在对待百姓时的态度。《论语·颜渊》中说:"百姓足,君孰与不足?百姓不足,君孰与足?"这就是说,如果百姓满足,国君怎会不满足?如果百姓不满足,国君又怎么会满足?在《论语》中,还有一段话涉及如何对待人民的问题。

仲弓问仁。子曰:"出门如见大宾,使民如承大祭。己所不欲,勿施于人。在邦无怨,在家无怨。"

在这段话里,孔子很显然将如何为"仁"的问题与对待人民的问题联系在了一起。对于孔子来说,"仁"就是在使用民众的力量时非常慎重,如同在进行祭祀大典仪式时一样。推而广之,就是自己不想要的,也不要加之于别人身上。要使得民众能够在国家和家庭里都没有怨恨。这就是要对老百姓施加恩惠,使之无所怨恨,也就是"因民之所利而利之,斯不亦惠而不费乎?择可劳而劳之,又谁怨?"(《论语·尧曰》)这就是要根据民众的愿望而做对他们有利的事情,就能使他们得到好处。选择老百姓可以干的事情而叫他们干,百姓不会有怨恨。

儒家亚圣孟子在《孟子·梁惠王下》中引用了曾子的一段话,他说:

> 曾子曰:"戒之戒之!出乎尔者,反乎尔者也。"夫民今而后得反之也,君无尤焉。君行仁政,斯民亲其上,死其长矣。

这段话的意思是说,一个人怎样对待别人,别人便会怎样对待他。如果君主或者官员对老百姓不好,老百姓一有机会,就会以同样的手段来回敬那些官员们了。这时,君主不要责怪他们。只要国君施行仁政,那么老百姓便会敬爱君主和官员,并乐于献出自己的生命了。

孟子自己也说:"民为贵,社稷次之,君为轻。"(《孟子·尽心下》)这是说,人民是最重要的,其次是国家,君主为轻。这就明确提出"民贵君轻"的思想。民众的支持是君主统治的基础,缺乏了民众的支持,君主必然不能长久地统治一个国家。这就要求统治者需要充分认清自己相对于民众的地位,不能高高在上,作威作福。孟子还说:"暴其民,甚则身弑国亡,不甚则身危国削。"(《孟子·离娄上》)君主残暴地对待他的老百姓,重则被杀,国家灭亡;轻则将自己陷于危险,国势削弱。

孟子认为,治理国家就是要实行仁政,而实行仁政的前提就是要对民众有"不忍人之心",即"以不忍人之心,行不忍人之政,治天下可运之掌上。"(《孟子·公孙丑上》)这便是说,以怜悯别人的好心,去施行怜悯下面百姓的仁政,那么治理天下就像在手掌上运转那么容易了。

孟子还说:"乐民之乐者,民亦乐其乐;忧民之忧者,民亦忧其忧。乐以天下,忧以天下,然而不王者,未之有也。"(《孟子·梁惠王下》）这就是说，以人民的快乐为自己的快乐的人，人民也会以他的快乐为自己的快乐；以人民的忧愁为自己的忧愁的人，人民也会以他的忧愁为自己的忧愁，乐与天下人民同乐，忧与天下人民同忧，这样还不能成为天下的王，是决不会有的。

儒家的另一位大儒荀子曾说："天之生民，非为君也；天之立君，以为民也。故古者，列地建国，非以贵诸侯而已；列官职，差爵禄，非以尊大夫而已。"（《荀子·大略》）这是在说，天生民众，不是为了君主；而天设立君主，正是为了民众。所以，古时候分裂土地建立国家不是为了显贵诸侯；而设立各类官职和不同的爵禄也不是为了使士大夫尊贵。所有这一切都是为了在民众中建立良好的秩序并保障他们的利益。荀子还说："爱民者强，不爱民者弱。"（《荀子·议兵》）这便是说，爱护百姓者就强大，不爱护百姓者就会变得弱小。《荀子·王霸》中说："上莫不致爱其下，而制之以礼。上之于下，如保赤子。"这是说，执政者无不表达爱护之情给百姓，同时用礼义来治理他们。执政者对于百姓，如同保护、爱抚婴儿一样。而在《荀子·君道》中，荀子说："君人者，爱民而安，好士而荣，两者无一焉而亡。"作为君主，只有爱护民众才能得到安定，只有喜爱贤士，才能使国家繁荣，两者缺了一个，就要灭亡。"有社稷者而不能爱民，不能利民，而求民之亲爱己，不可得也。"（《荀子·君道》）国君如果不能爱护人民，不能给人民以利益，却要求人民亲近爱戴自己，那是不可能的。"夫桀、纣何失，而汤、武何得也？曰：是无它故焉，桀、纣者善为人所恶也，而汤、武者善为人所好也。"（《荀子·强国》）桀、纣为什么失掉了天下，而汤、武为什么得到了天下？就是因为桀、纣好做人民所憎恶的事，而汤、武好做人民所欢迎的事。

对于如何治理人民，荀子认为："不富无以养民情，不教无以理民性。"（《荀子·大略》）这就是说，不使百姓富裕，就不能满足百姓的情感和需求；不对百姓进行教化，就不能调理百姓的习性。但如何才能对民众加以教化呢？荀子认为应"节用以礼，裕民以政"（《荀子·富国》）。这就是说，要按照礼制所规定的不同标准来节制消费，要通过政治上的各种政策措施使人民生活富裕。同时，荀子认为对于民力的使用不能超出限度，否则会导致国家的倾覆。"舜不穷其民，造父不穷其马，是舜无失民，造父无失马也。"（《荀子·哀公》）舜不将民众逼到尽头，造父不把马的体力用到尽头，所以舜不会失去民众，造父不会失去好马。"筐箧已富，府库已实，而百姓贫，夫是之谓上溢而下漏；入不可以守，出不可以战，则倾覆灭亡可立而待也。"（《荀子·王制》）这是说，国君的私囊装满了，国家的仓库也装满了，而老百姓却很贫困，这就叫作上面如水一样已满溢了出来，下面却漏空了。这样的国家打起仗来，在城里守不住，出去也打不胜，那么倾覆灭亡的日子就会立刻到来。

"得众则得国，失众则失国。"（《礼记·大学》）说的是，得到民众拥护的人，没有政权也能得到政权；失去民众拥护的人，有了政权也会失去政权。"民之所好好之，民之所恶恶之。此之谓民之父母。"（《礼记·大学》）这就是说，人民所喜爱的东西我喜爱之，人民所憎恶的东西我憎恶之，这才能称为人民的父母官。

在儒家经典《中庸》中，则说道："子庶民，则百姓劝。"（《礼记·中庸》）能够做到爱民如子，百姓们就会更加勤奋努力。

《墨子》中说："民无食，则不可治。"（《墨子·七患》）就是说，百姓不得温饱，君主就无法使用他们。"民有三患：饥者不得食，寒者不得衣，劳者不得息。"（《墨子·非乐上》）这就是说，百姓有三个方面的忧虑：饥饿的人得不到食物，寒冷的人穿不上衣服，劳动的人得不到休息。这就是要求君主能够考虑到百姓温饱和休养生息的需求，满足百姓的这些需求才能解除他们的忧虑，也才能获得国家的长治久安。

《老子》中也说:"圣人无常心,以百姓心为心。"(《老子·四十九章》)这就是说,圣人没有他自己固有的意志,以百姓的意志作为他的意志。《老子》中说:"欲上民,必以言下之;欲先民,必以身后之。"(《老子·六十六章》)要领导人民,必须在态度上对人民表示谦虚;要引导人民,必须把自己的位置放在人民之后。《老子》中还说道:"圣人处上而民不重,处前而民不害。"(《老子·六十六章》)这是说,圣明的君主处在人民之上,(由于他尊重爱护人民)而使得人民不再感到有负担;在人民的前面引导人民,人民不认为对他们有妨害。

老子说:"我无事而民自富,我无欲而民自朴。"(《老子·五十七章》)这就是说,如果执政者不做劳民伤众之事,人民自然就富足了;执政者不贪得无厌,人民自然就淳朴了。

先秦黄老道家的经典著作《六韬》中也提到:

善为国者,驭民如父母之爱子,如兄之爱弟。见其饥寒则为之忧,见其劳苦则为之悲。赏罚如加于身,赋敛如取诸己。此爱民之道也。(《六韬·国务》)

善于治国的君主,管理百姓就如同父母爱护子女,兄长爱护幼弟一样。看到他们饥寒就为他们忧虑,看到他们劳苦就为他们伤心,赏罚就像加在自己身上一样,收取赋税就像收取自己资财一样。这就是爱民的正道。《六韬》中提到:"利天下者,天下启之;害天下者,天下闭之。"(《六韬·发启》)给天下百姓利益的人,天下百姓自然欢迎他;使天下百姓受害的人,天下自然不欢迎他。"上劳则刑繁,刑繁则民忧,民忧则流亡。"(《六韬·文启》)是说,执政者行事过多,刑罚就多;刑罚繁多人民就担心害怕,人民担心害怕就会流离逃亡。

《管子》中记载着这样一段话：

桓公又问曰："寡人欲修政以干时于天下，其可乎？"
管子对曰："可。"
公曰："安始而可？"
管子对曰："始于爱民。"（《管子·小匡》）

这段话的意思很清楚，就是说，如果国君想要治理朝政，称霸于诸侯，就必须从爱护自己的臣民开始。君主之所以要爱民，就是因为只有君主怀有一颗爱民之心，才能制定出得民心的政策，也才能得到民众的拥护和支持。"令之所以行者，必民乐其政也。"（《管子·形势解》）就是说，命令之所以能够推行，必然是由于政事得到人民的欢迎和拥护。"顺人心，安情性，而发于众心之所聚。是以令出而不稽，刑设而不用。"（《管子·君臣上》）顺从人心，适应人的情性，行事都从众人所共同关心的地方出发。所以命令布置下去就不会有阻碍，刑罚设置了却用不上。从这个意义上讲，如果一个君主想要治理好国家，首先就要顺应人心，而顺应人心的前提就是要有一颗爱民之心。这就是"古之圣王，所以取明名广誉，厚功大业，显于天下，不忘于后世，非得人者，未之尝闻。暴王之所以失国家，危社稷，覆宗庙，灭于天下，非失人者，未之尝闻"之意（《管子·五辅》）。

《管子》也提到："霸王之所始也，从人为本。本理则国固，本乱则国危。"（《管子·霸言》）霸王之业的开始，是以人民为根本。根本治理得好则国家巩固，根本被搞乱了则国家危亡。《管子·形势解》中说："莅民如父母，则民亲爱之。道之纯厚，遇之有实，虽不言曰吾亲民，而民亲矣。莅民如仇雠，则民疏之。"这是说，对待人民应当像父母对待孩子一样，这样的话，民众就会对君主爱护有加。如果对待人民就像仇人一样,民众就会疏远君主。《管子》中还说道:"圣人不能分民,则犹百姓也。于己不足,安得名圣?是故有事则用,无事则归之于民,唯圣人为善托业于民。"(《管子·乘马》)这是说,圣人不分享利益于民众,就如同普通的百姓。自己总是贪而不足,怎么能算是圣人呢?所以国家有事就取之于民,无事则藏富于民,只有圣人才善于把事业寄托于人民。"上施厚,则民之报上亦厚;上施薄,则民之报上亦薄。"(《管子·形势解》)则是说,君主施惠优厚,人民对他的报答也优厚;上面施惠微薄,人民对他的报答也微薄。"舜非严刑罚重禁令,而民归之矣,去者必害,从者必利也。先王者善为民除害兴利,故天下之民归之。"(《管子·治国》)意思是,舜没有采用严刑重罚,而人民却都追随他,因为离开他就必然受害,跟着他就必然有利。古代的圣王善于为人民除害兴利,所以天下人民都归附于他。"居民于其所乐,事之于其所利,赏之于其所善,罚之于其所恶,信之于其所余财,功之于其所无诛。"(《管子·禁藏》)则是说,要安置老百姓住在他们乐于居住的地方,使他们从事有利于自身的工作,奖励他们所赞成的事情,惩罚他们所厌恶的行为,保证百姓的财产不被剥夺,致力于百姓不受刑罚。

《管子》认为治国必须从治民开始,而要治民,就必须先使得民众富裕。

> 能佚乐之,则民为之忧劳;能富贵之,则民为之贫贱;能存安之,则民为之危坠;能生育之,则民为之灭绝。(《管子·牧民》)

能使人民安乐,他们就可以为国为君承受忧劳;能使人民富贵,他们就可以为之忍受贫贱;能使人民生活安定,他们就可以为之承担危难;能使人民生育繁息,他们也就不惜为国为君牺牲了。"凡治国之道，必先富民。民富则易治也，民贫则难治也。"（《管子·治国》）就是说，治国的道理就在于一定要先使人民富裕。人民富裕就容易治理，人民贫穷就难以治理。

同时，在治国时，也不能毫无限度地使用民力，要量力而出。"量民力，则事无不成。不强民以其所恶，则诈伪不生。"（《管子·牧民》）就是说，量民力而行事，就可以事无不成。不强迫人民干他们厌恶的事情，欺诈作假的行为就不会发生。"欲为其国者，必重用其民；欲为其民者，必重尽其民力。"（《管子·权修》）要想治好国家，必须慎重使用国内的人民；要想治好人民，必须慎重对待民力，不使其耗尽。"取于民有度，用之有止，国虽小必安；取于民无度，用之不止，国虽大必危。"（《管子·权修》）意味着对人民征收要有限度，耗用要有节制，国家虽小也一定安宁；对人民征收没有限度，耗用没有节制，国家虽大也一定危亡。该篇中还提到，"舟车饰，台榭广，则赋敛厚矣；轻用众，使民劳，则民力竭矣。赋敛厚，则下怨上矣；民力竭，则令不行矣"（《管子·权修》）。这段话的意思就是说，车船豪华，楼台亭阁过多，就会使赋税繁重；轻易动用民力，人民过于劳苦，就造成民力枯竭。赋税繁重，则人民怨恨朝廷；民力枯竭，则政令无法推行。这都是要爱惜民力的意思。"民必得其所欲，然后听上；听上，然后政可善为也。"（《管子·五辅》）人民的欲望必须得到满足，然后才能够听从上面；听从上面，然后政事才能办好。

最后，《管子》一书对如何治理人民进行了总结："凡牧民者，必知其疾，而忧之以德，勿惧以罪，勿止以力。慎此四者，足以治民也。"（《管子·小问》）这就是说，治理人民，一是必须了解其疾苦，二是要厚施德惠，三是不用刑罚恐吓他们，四是不用强力禁制他们。做好这四点，就可以治理好了。

《管子·形势解》篇中还提到："明主救天下之祸，安天下之危者也。夫救祸安危者，必待万民之为用也，而后能为之。"这就是说，圣明的君主就是要解救天下灾祸，使天下危局得以安定。但是解救祸患与安定危局，必须把千千万万的民众动员起来为君主所用，然后才能办得到。所以，民众才是国家的根本，能够治理好民众，使得民众能够为国家所用，国家才能长治久安。该篇中还提出："人主，天下之有威者也。得民则威立，失民则威废。蛟龙待得水而后立其神，人主待得民而后成其威。"君与民的关系就像是龙和水的关系，龙必须要依靠水才能呈现出自己的神通，失去了水的辅助，再强大的君主都会灭亡。

相似的话在《孔子家语》中也有："君者，舟也；庶人者，水也。水所以载舟，亦所以覆舟。"（《孔子家语·五仪解》）这就是说，国君就像船一样，而老百姓就像水一样。水能够浮载船只，也能够使船只翻沉。

先秦法家经典《商君书》中说道："民，善之则亲，利之用则和。用则有任，和则匮。"（《商君书·弱民》）对于民众，你善待他们，他们就与你亲近；利用他们，使他们有事做，他们就与你同心。使用他们，他们就去承担义务；与君主同心，民众就会尽力。

同样的先秦法家经典《韩非子》中说："圣人之治民，度于本，不从其欲，期于利民而已。"（《韩非子·心度》）具有智慧和道德的君主治理百姓，用心把握治民的根本原则，不从个人的欲望考虑问题，只希望能给予民众利益。

《晏子春秋》中说："意莫高于爱民，行莫厚于乐民。"（《晏子春秋·内篇问下》）这是说，没有比爱护人民更高尚的志向，也没有比让民众欢乐更伟大的德行。《墨子》中也说："明君于天下者，必先万民之身，后为其身。"（《墨子·兼爱下》）这就是说，贤明的君主在治理天下时，必首先考虑万千民众的切身利益，然后才考虑自身利益。

《左传》记载:"国将兴,听于民;将亡,听于神。"(《左传·庄公三十二年》)国家将要兴盛,必定是听取人民的意见;国家将要灭亡,必定是听从神灵的旨意。主张国家事情要由人民来决定。《左传·襄公十四年》中说:"良君将赏善而刑淫,养民如子,盖之如天,容之如地;民奉其君,爱之如父母,仰之如日月,敬之如神明,畏之如雷霆,其可出乎?"这就是说,好的君主如果奖励善事,惩处恶行,像养育自己子女那样爱护百姓,像天那样泽被他们,像大地那样包容他们,那么百姓尊奉君主,就像对父母那样爱戴,对日月那样敬仰,对神明那样恭敬,对雷霆那样畏惧,这样,国君怎么能被人民赶走呢?

《左传·襄公二十五年》中说:"君民者,岂以陵民?社稷是主。"这就是说,君主统治人民,怎能欺凌百姓呢?君主是要管理社稷和国家的人。《左传·哀公元年》中说:"国之兴也,视民如伤,是其福也;其亡也,以民为土芥,是其祸也。"国家兴盛,是因为看待老百姓就像看待受伤者,这就是它的福德;国家灭亡,是因为把老百姓当作草芥,这就是它的祸根。"所谓道,忠于民而信于神也。上思利民,忠也。"(《左传·桓公六年》)说的是,所谓治国之道,就是对百姓忠心,对神灵诚信。在上面的人想到有利于百姓,这就是忠心。

《战国策》中说:"苟无岁,何以有民?苟无民,何以有君?"(《战国策·齐策四》)如果年成不好,怎么能保有人民?如果没有人民,又怎会有国君?

《吕氏春秋》中说:"不得所以用之,国虽大,势虽便,率虽众,何益?古者多有天下而亡者矣,其民不为用也。用民之论,不可不熟。"(《吕氏春秋·用民》)这是说,没有掌握恰当的使用人的方法,国家即使很大,形势很有利,士兵很多,又有什么益处?古代有很多人享有天下,可是最后却遭到灭亡,就是因为人民不能被正确使用。使用人民的道理,不可不详尽地了解。该书中还提到:"爱利以安之,忠信以导之,务除其灾,思致其福。"(《吕氏春秋·适威》)意为用爱抚和利益使百姓安定,用忠诚和信用引导百姓,致力于为民除害,想着为民造福。"民,善之则畜也,不善则仇也。"(《吕氏春秋·适威》)则是说,善待人民,人民就和君主友好;不善待他们,他们就和君主成为仇人。"以爱利民为心,号令未出,而天下皆延颈举踵矣,则精通乎民也。"(《吕氏春秋·精通》)说的是,胸怀爱民利民之心,号令还没有发出,天下人就都伸长脖子、踮起脚跟殷切盼望了。这是圣人与人民精神相通的缘故。"爱人,则民亲其上;民亲其上,则皆乐为其君死矣。"(《吕氏春秋·爱士》)则意为,君主爱抚人民,人民就爱戴他们。人民如果爱戴他们的君主,那就都乐意为他们去死了。"上世之王者众矣,而事皆不同,其当世之急,忧民之利,除民之害同。"(《吕氏春秋·爱类》)则是在说,古代称王统治天下的人很多,他们治理天下的做法各不相同,但他们在承担社会的急难,关心百姓的利益,为民除害这些方面是相同的。

汉代贾谊说:"自古至于今,与民为仇者,有迟有速,而民必胜之。"(《新书·大政上》)这是说,自古到今与老百姓为敌的人,或早或晚都会被老百姓战胜。他还说:"民无不为本也,国以为本,君以为本,吏从为本。"(《新书·大政上》)这句话的意思就是说,没有不把百姓作为根本的,国家以百姓为根本,君主以百姓为根本,官吏以百姓为根本。他还在他著名的《过秦论》中说:"民治则国安,民乱则国危。"这就是说,百姓太平国家就安定,百姓不太平国家就危险。

《淮南子》中说:"君子之居民上,若以腐索御奔马;若碾薄冰,蛟在其下。"(《淮南子·说林训》)这句话的意思是说,统治者位居百姓之上,就好比用腐烂了的绳套来驾驭飞奔的车马;又好比车辆在薄冰上碾过,吃人的蛟龙就在薄冰下面。这是在说,君主在统治人民时要小心谨慎，否则就容易车翻人亡。该书中还提到："下扰则政乱，民怨则德薄。"（《淮南子·主术训》）就是说，经常烦扰民众，政事就会混乱无序；民众怨恨，执政者的德望就淡薄了。

在《史记·礼书》中，司马迁说道：

明道而均分之，时使而诚爱之，则下应之如景响。有不由命者，然后俟之以刑，则民知罪矣。

这就是说，明确地教导人民，平等地对待他们，适时地使用民力并真心地爱护他们，这样人民就会顺从命令，就像影之随形，响之应声一样，偶有不听从命令的，然后再用刑罚处理，这样人们就知道自己的错误所在了。《史记·孝文本纪》中说："右贤左戚，先民后己。"这是说，尊重贤人而降位亲戚，先民众而后自己。

汉代董仲舒说："居上不宽则伤厚，而民弗亲，弗亲则弗信。"（《春秋繁露·仁义法》）这是说，君主对百姓不宽宏大度就会损害自己仁厚的名声，这样的话，百姓就不会亲近，不亲近就会失去对君主的信任。

汉代刘向说："君人者，以百姓为天。百姓与之则安，辅之则强，非之则危，背之则亡。"（《说苑·建本》）这就是说，国君应当把老百姓当作天，百姓亲附他则国家安宁，百姓帮助他则国家富强，百姓指责他则国家危难，百姓背叛他则国家灭亡。他还说："治国之道，爱民而已。"这就是说，治理国家的方法，不过是爱民罢了。

汉代班固也说："列土为疆，非为诸侯；张官设府，非为卿大夫，皆为民也。"（《白虎通义·封公侯篇》）这是说，分封土地，划定各自疆界，不是为了安排诸侯；设置官府和官职，也不是为了安排那些做官的人，这一切都是为了人民。

汉代王符说："君子任职则思利民，达上则思进贤。"（《潜夫论・忠贵》）这就是说，道德高尚的人担任官职就考虑如何为百姓谋利益，通达显贵居于上位时就考虑如何举荐贤人。

唐代陆贽说："以人为本，以财为末。人安则财赡，本国则邦宁。"（《均节赋税恤百姓第一条》）这是说，把人民作为根本，把钱财放在次要的地位。人民安定了，钱财也就充足了；根本稳固了，国家也就安宁了。

唐代吴兢说："上以社稷为重，下以亿兆在念。"（《贞观政要·灾祥》）君主要上以国家社稷为重，下以百姓的生死安乐为念。他还说："抚万姓以慈，遇群臣以礼。"（《贞观政要·征伐》）这就是要用仁慈的心来抚爱百姓，以礼节去对待群臣。

《资治通鉴》中说："民者，弱而不可胜，愚而不可欺也。"（《资治通鉴·汉纪十八》）老百姓看起来没有什么力量，然而却是不可战胜的；看起来愚昧，然而却是欺骗不了的。"爱一人而不爱一国之人也，其失人心多矣。"（《资治通鉴·晋纪二十五》）则是说，只喜欢一个人，而不爱全国的民众，他就会严重地丧失人心。"职事苟有便于民而请之，真宰相事。"（《资治通鉴·汉纪四》）则是说，在职责范围内，只要对人民有益处的事，就向上请求办理，这确实是宰相的责任。

宋代范仲淹在《岳阳楼记》中说："居庙堂之高，则忧其民；处江湖之远，则忧其君。"处在高高的朝廷上，就为百姓担忧；处在偏远的江湖上，就为自己的君主担忧。

宋代朱熹也说："宁过于予民，不可过于取民。"（《朱子语类》卷十六）意思就是，宁可在给予老百姓方面有所超出，也不能向老百姓索取方面有所超出。

宋代宋祁说："民，国之基也。五仞之墙，所以不毁，基厚也；所以毁，基薄也。"（《杂说》）这是说，老百姓是国家的基础。五仞高的墙之所以不毁坏，是因为基础深厚；其所以毁坏，则是因为基础浅薄。

宋代苏舜钦《诣匦疏》中说:"民为邦本,未有本摇而枝叶不动者。"老百姓是国家的根本,没有根本动摇而枝叶不动的事。

明代庄元臣说:"君必自附其民,而后民附之;君必自离其民,而后民离之。"(《叔苴子·外篇》卷一)做君主的一定是主动亲近民众,民众才会亲附他;做君主的一定是自己背离了民众,民众才会背离他。他还说:"君子之为君子也,一人死而万人寿,一人痛而万人愈,一人忧而万人乐,一人劳而万人逸。"(《叔苴子·内篇》卷五)这就是说,君子之所以是君子,就因为他可以以自己的死来使民众获得长寿,以自己的病痛而使千万人民痊愈,自己忧心以使千万人民快乐,自己劳顿以使千万人民安逸。

明代张居正认为:"致理之要,惟在于安民;安民之道,在察其疾苦而已。"(《请蠲积逋以安民生疏》)实现国家安定的关键,不过在于安定民众;安定民众的办法,只在于体察他们的疾苦罢了。

清代唐甄说:"国无民,岂有四政!封疆,民固之;府库,民充之;朝廷,民尊之;官职,民养之,奈何见政不见民也!"(《潜书·明鉴》)边疆,是人民保卫的;国库,是人民充实起来的;朝廷,是人民尊崇起来的;官员,是人民养活的,为什么只看到政府而看不到人民呢?他还说:"不可载者,不如无车;不可涉者,不如无舟;不能救民者,不如无贤。"(《潜书·有为》)这就是说,不能运载东西,还不如没有车子;不能横渡江河,还不如没有舟船;不能救世济民,还不如没有贤才。他还说:"贵饱者必炊饭,贵暖者必缝衣,贵治者必养民。"(《潜书·达政》)要使肚子饱就必须做饭,要使身体暖就必须做衣服,要使国家安定就必须滋养民众。

明末清初思想家王夫之说:"国之利不宜计也,而必计利民。"(《读通鉴论》卷二十四)对国家的好处不应当去计较,而重要的是必须考虑如何有利于人民。他还说:"无德于民,不足以兴。"(《读通鉴论》卷三十）意思就是，对于民众没有什么恩惠和德行，国家就不足以兴盛。

清代黄宗羲也说："天下之治乱，不在一姓之兴亡，而在万民之忧乐。"（《明夷待访录·原臣》）这是说，国家的治乱不在于一个王朝的兴亡，而在于普通老百姓的忧患和安乐。

清代谭嗣同说："君，末也；民，本也。天下无有因末而累及本者，亦岂可因君而累及民哉？"（《仁学》）君主是不重要的，人民才是根本。天下不能因为并不重要的君主而牵累人民。

二、法治思想

《管子》中说:"圣君任法而不任智,任数而不任说。"(《管子·任法》)圣明君主依靠法度而不依靠智谋,依靠政策而不依靠空头议论。这就指出了法律在治理国家中的重要作用,只有智谋和狡黠之士,是不可能真正将国家治理好的。"有为枉法,有为毁令,此圣君之所以自禁也。"(《管子·任法》)这是在说,歪曲法度、毁弃法令的事情是圣明君主禁止自己去做的。因而,法律是不容歪曲和废弃的,对于一个国家来说,法律就是维持国家正常运转的必要条件。

法律最重要的一个特点就是要为公而不为私。

有道之君者,善明设法,而不以私防者也。而无道之君,既已设法,则舍法而行私者也。为人上者,释法而行私,则为人臣者援私以为公。(《管子·君臣上》)

有道之君,善于明确设立法制而不用私心来阻碍。而无道之君,就是已经设立法制,也还要弃法而行私。做人君的弃法而行私,那么做人臣的就将以私心代替公道。"不淫意于法之外,不为惠于法之内也。动无非法者所以禁过而外私也。"(《管子·明法》)不在法度之外随意而行,不在法度之内私行小惠。任何行动都不离开法度,正是为了禁止过错而排除行私。

在这个意义上,法律就必须要严明,不能随意减轻刑罚的力度。管子说:"赏不足劝,则士民不为用;刑罚不足畏,则暴人轻犯禁。"

(《管子·正世》)这就是说,赏赐不足以激励人,士大夫和百姓就不会为君主出力;刑罚不足以使人畏惧,坏人就会拿犯法违禁不当回事。"民贪行躁,而诛罚轻,罪过不发,则是长淫乱而便邪辟也。有爱人之心,而实合于伤民。"(《管子·正世》)民众如果贪婪而行为狡诈,但刑罚却很轻,有罪过也不绳之以法,这就是助长淫乱,对邪辟的行为有利。这样看起来有爱民之心,实际上正好伤害了人民。因而,只有使用法律,才能保护好人民不受伤害。"惠者,民之仇雠也;法者,民之父母也。太上以制制度,其次失而能追之,虽有过,亦不甚矣。"(《管子·法法》)对罪过仁慈,就是人民的仇敌;法律才是保护人民的父母。最上等的做法,是先用法来规范人的行止,其次是有错误而能补救,虽有过也不致太严重。

法律严明,不能随意减轻刑罚的力度,但也不能滥用法律,随意杀害无辜之人。"用民之死命者,则刑罚不可不审。刑罚不审,则有辟就,有辟就则杀不辜而赦有罪。"(《管子·权修》)这就是说,决定人民生死,就不可不审慎地使用刑罚。如果刑罚不审慎,就会使坏人逃罪好人蒙冤,出现杀无辜而赦有罪的现象。"喜怒无度,严诛无赦,臣下振怒,不知所错,则人反其故。不悟,则法数日衰而国失固。"(《管子·七臣七主》)说的也是这个道理。喜怒无常,严行诛罚而不讲宽赦,臣下就会惶恐,不知所措,人们就只好回到巧谋虚伪的状态。如不觉悟,法令政策就将无力而国家不稳。

在法治的前提下,法律就要比君主本人更应该得到尊重。在国家治理中,要实施法治而不能人治。"不为君欲变其令,令尊于君。"(《管子·法法》)不能应君主个人的要求而变更法令,法令的尊严胜过君主。

巧者能生规矩,不能废规矩而正方圆。虽圣人能生法,不能废法而治国。故虽有明智高行,倍法而治,是废规矩而正方圆也。(《管

子·法法》）

这是在说，巧匠可以造出画圆的规和画方形的矩，但是不能废弃规矩而矫正方圆。圣人能制定法度，但不能废弃法度来治理国家。所以，虽有明澈的智慧、高尚的德行，如违背法度而治国，就等于废除规矩来矫正方圆一样。

虽然法律本身很重要，但在国家治理中，最重要的是要真正地将法律推行贯彻下去。"不法法则事毋常，法不法则令不行。"（《管子·法法》）不按照法律的要求来行事就不能使事物长久，按照错误的法律来统治就会使得政令不行。"法虚立而害疏远，令一布而不听者存，贱爵禄而毋功者富，然则众必轻令而上位危。"（《管子·八观》）法律形同虚设，只加害于疏远之人；命令虽已公布，不听命令的人反而会安然无恙；随便封爵赐禄，无功者因而致富，那么人们必然要轻视法令，而统治者的地位也就岌岌可危了。

在现实中，将法律真正地推行贯彻的根本措施就是要保障法律的公正性，也就是所有民众和君臣上下都要遵守法律，做到法律面前人人平等。《管子》中提到："公之所加，罪虽重下无怨气；私之所加，赏虽多士不为欢。行法不道，众民不能顺。"（《管子·禁藏》）这就是说，如果按照法律秉公行事，刑罚即使很重，下面的人也不会有怨言；而如果按私意行事，赏赐再多，战士也不会得到鼓舞。执行法令不合理，民众就不会顺从。所以，"明王慎之，不为亲戚故贵易其法，吏不敢以长官威严危其命，民不以珠玉重宝犯其禁"（《管子·禁藏》）。也就是说，圣明的君主对法律的使用非常慎重，不会为亲故权贵而改变法律，他的官吏也就不敢利用长官权威破坏法令，老百姓也就不敢利用珠宝贿赂来触犯刑律。最终，"君臣上下贵贱皆从法，此谓为大治"（《管子·任法》）。只有君主、臣子、上级、下级、尊贵者、卑贱者都遵从法律，才能实现国家大治。

在这个意义上,一个法治的国家及其人民必然会尊重法律,不会为自己的亲戚关系而危害法律。也就是,"不为爱亲危其社稷,故曰:社稷戚于亲;不为爱人枉其法,故曰:法爱于人"(《管子·七法》)。

法律固然重要,然而必须要有好的官吏来加以实施。"贵不能威,富不能禄,贱不能事,近不能亲,美不能淫也。植固而不动,奇邪乃恐。"(《管子·任法》)这就是说,执行法律的官吏应该做到不受权贵的威胁和利诱,亲疏远近也都不能讨好他或亲近他。执法之心坚定不动,搞歪门邪道的人就自然害怕。

对于治理国家来说,《管子》认为法律并不能成为万能钥匙,对于治国来说,需要先用德惠施加于民众。"不忧以德则民多怨,惧之以罪则民多诈,止之以力则往者不反,来者鹜距。"(《管子·小问》)不用德惠来解除民众的忧苦,民众就会有很多怨恨,单纯用刑罚恐吓的手段来制止犯罪,民众就会欺诈,用暴力禁止就会使去的人不肯再回来,来的人也会不敢往前走了。

法律虽然非常重要,但实施法律最终是为了消除法律和刑罚。

于下无诛者,必诛者也;有诛者,不必诛者也。以有刑至无刑者,其法易而民全;以无刑至有刑者,其刑烦而奸多。夫先易者后难,先难而后易,万物尽然。(《管子·禁藏》)

百姓没有受刑罚的,是坚持有罪必罚的结果;百姓有犯法受刑的现象,才是未坚持有罪必罚造成的。从有刑到无刑,就能做到法律简易而人民得到保全;从无刑到有刑,法律就要烦琐,恶人反会增多。先易的后难,先难的后易,万事都是如此。

法家代表著作《商君书》对法律推崇备至:"言不中法者,不听也;行不中法者,不高也;事不中法者,不为也。"(《商君书·君臣》)这就是说,言论不合法制就不听从,行为不合法制就不推崇，事情不合法制就不去做。"使吏非法无以守，则虽巧不得为奸。"（《商君书·慎法》）就是说，要使官吏除了法令以外就没有遵守的东西。这样，官吏再狡猾，也干不成坏事。这就是一切要以法制为准绳。

对商鞅来说，法律同样是为公而不为私："君臣释法任私必乱。故立法明分，而不以私害法，则治。"（《商君书·修权》）君臣如果放弃法令，凭私情办事，国家必定混乱。所以制定法令，明定是非界限，而不以私情损害法令，这样国家才能治理得好。

商鞅同样主张国家要实施法治而不能人治。"有道之国，治不听君，民不从官。"（《商君书·说民》）实行法制的国家，治理政事用不着等待国君的命令，民众用不着依靠官吏的督促。意谓一切以法律为准绳，不能以命令代替法律。

法律本身固然重要，但最重要的是要真正地贯彻实施。商鞅说："国皆有法，而无使法必行之法。"（《商君书·画策》）国家都有法令，（可是国家却混乱，那是因为）没有保障法令能够实行的措施。对于商鞅来说，能够使得法令得以推行的前提就是使得官吏和民众都能知法懂法。"吏明知民知法令也，故吏不敢以非法遇民，民不敢犯法以干法官也。"（《商君书·定分》）官吏和民众都懂得法令，所以他们就不敢以非法的手段来对待民众，民众也不敢犯法来冒犯法官。在这个前提下，官吏必须要承担起教育民众知法懂法的责任。"为置法官吏为之师，以道之知，万民皆知所避就，避祸就福，而皆以自治也。"（《商君书·定分》）这就是说，设置推行法令的官吏当民众的老师，教导他们懂得法令，这样万民都知道应当躲避什么，趋向什么，知道怎样躲避祸害，趋向幸福，因而都能用法令自觉约束自己。

对于商鞅来说，法律的最大特点就是其客观性。商鞅说："有功于前，有败于后，不为损刑；有善于前，有过于后，不为亏法。"

(《商君书·赏刑》)这是在说,以前立过功而以后又打了败仗的,不能因为过去有功而减刑;以前做过好事而以后又犯错的,不能因为以前做过的好事就不处理他而破坏法制。在法律客观性的前提下,法律对所有人都是适用的。商鞅说:"所谓壹刑者,刑无等级。自卿相、将军以至大夫、庶人,有不从王令、犯国禁、乱上制者,罪死不赦。"(《商君书·赏刑》)这就是要统一刑罚,而处罚的对象也不分等级。从卿相、将军到大夫、庶人,凡是不服从国君命令、违犯国家禁令、破坏国家制度的,都应该被判处死刑,决不赦免。

同样,法律固然重要,实施法律的官吏也同样重要。商鞅说:"为法令,置官吏,朴足以知法令之谓,以为天下正。"(《商君书·定分》)这就是说,制定了法令,就要设置负责法制的官吏。要挑选精通法令内容的人,充当各地主管法令的官吏。"所举必贤,则法可在贤;法可在贤,则法在下,不肖不敢为非,是谓重治。"(《商君书·画策》)就是说,所任用的执法人员是贤臣,法令就掌握在贤人手里;法令掌握在贤人手里,就能很好地向下贯彻执行,坏人就不敢胡作非为。所以,执行法律的官吏贤能与否对于法律所能发挥的效用起着十分关键的作用。

孔子说:"刑罚不中则民无所措手足。"(《论语·子路》)刑罚不得当,老百姓就会手足无措。儒家荀子对法律的目的也进行了界定,他说:"凡刑人之本,禁暴恶恶,且征其未也。杀人者不死,而伤人者不刑,是谓惠暴而宽贼也,非恶恶也。"(《荀子·正论》)这句话的意思是说,用刑罚处治犯人的目的,就在于禁止暴行,反对作恶,并且警戒以后发生类似的罪行。如要杀人者不被处死,伤人者不被判刑,这就叫作纵容暴行,宽容罪人,这就起不到反对恶行的作用了。荀子认为:"有法者以法行,无法者以类举。"(《荀子·大略》)这就是说,凡有法律规定的,都应该按法律规定办事;暂时没有法律规定的,就要根据处理同类事情的法律规定去办。荀子说:"政令法,举措时,听断公。"(《荀子·荣辱》)政令符合法制,施行措施适时,处理政事公正。

在《荀子》的文本中,"法"是一个常见的词汇。这个词汇在《荀子》中往往意味着两种意思:一种是在作为行为规范的道德楷模含义上来使用,另一种则是在法律、刑罚的含义上来使用。我们先来看第一种用法。荀子说:

好法而行,士也;笃志而体,君子也;齐明而不竭,圣人也。人无法,则伥伥然;有法而无志其义,则渠渠然;依乎法,而又深其类,然后温温然。(《荀子·修身》)

这段话是在说,一个人如果能够尊崇道德楷模,按照道德楷模的要求来行动,就是士;如果能够笃定自己的志向,贯穿自己行为的始终,就是君子;如果能二者兼备而不停歇,那就是圣人了。所以,如果人没有道德楷模的引导,就会变得怅然若失,无所适从;但如果只是有道德楷模的引导而没有在自己内心立志,那就只会随波逐流,缺乏真正的热诚。只有依循道德楷模的引导,而又自己深刻立志,才能最后成为谦谦君子。在这个意义上,"法"作为道德楷模是外在的。只有通过外在道德楷模的引导和内在的立志,才能成就圣人的境界。也正是在道德楷模的意义上,荀子将"师"和"法"关联了起来。

故人无师无法而知,则必为盗,勇则必为贼,云能则必为乱,察则必为怪,辩则必为诞;人有师有法,而知则速通,勇则速畏,云能则速成,察则速尽,辩则速论。故有师法者,人之大宝也;无师法者,人之大殃也。(《荀子·儒效》)

第二章 治国思想的具体内容

在荀子眼中,道德楷模即是万人景仰之师,能够引导一个人来学习道德知识,教化自己的性情。所以,师者在荀子的语境中是一个非常重要的概念,因为其与传授德业、教化民众乃至安邦定国皆有不世之功。

荀子所使用的"法"还有另外一层含义,这就是法律制度。

> 故古者圣人以人之性恶,以为偏险而不正,悖乱而不治,故为之立君上之势以临之,明礼义以化之,起法正以治之,重刑罚以禁之,使天下皆出于治,合于善也。是圣王之治而礼义之化也。(《荀子·性恶》)

荀子认为,人的性情和欲望如果不加以约束和控制就很容易泛滥成灾。因此,圣人建立礼义道德来教化民众,设立法律制度来治理国家,施加刑罚来禁止犯罪,从而使天下能够大治。在这个意义上,荀子认为一个国家要实现大治必须要有三个条件:礼义道德、法律制度和刑罚制度。在这三个条件中,刑罚制度或许可以归于法律制度之中,因为它属于惩罚性的法律。

荀子认为法律的功能在于维护一种良好的社会秩序,明确社会中的各类分工:

> 传曰:"农分田而耕,贾分货而贩,百工分事而劝,士大夫分职而听,建国诸侯之君分土而守,三公总方而议,则天子共己而已矣。"出若入若,天下莫不平均,莫不治辨,是百王之所同也,而礼法之大分也。(《荀子·王霸》)

在荀子看来,法律的主要功能是维护社会秩序的稳定。那么,它是怎样维护这种稳定的呢?对荀子来说,是法的威慑作用阻止了人们违反法和礼所制定的规则（参见《荀子·王霸》）。如果礼不能使某些人遵循它的规则和规定，法就能通过惩罚这些脱离正确轨道的人来解决这一问题，并从而保证秩序化社会的形成。

治古不然。凡爵列、官职、赏庆、刑罚，皆报也，以类相从者也。一物失称，乱之端也。夫德不称位，能不称官，赏不当功，罚不当罪，不祥莫大焉。……杀人者死，伤人者刑，是百王之所同，未有知其所由来者也。（《荀子·正论》）

由此可见，赏罚严明、征暴诛悍和礼义道德一样，乃是治国之本，不可偏废。同时，荀子也认为，法律应该使得刑罚和罪行相称，而不能刑过于罪。"刑称罪则治，不称罪则乱。"（《荀子·正论》）这就是说，刑罚与所犯的罪行相称，社会就安定；刑罚与所犯之罪不相称，社会就混乱。"刑当罪则威，不当罪则侮。"（《荀子·君子》）这也是说，刑罚与罪行相符合，法律才有威力，刑罚与罪行不符合，法律就会被轻视。

荀子虽然强调法律在维护国家社会秩序中的作用，并由此而凸显了法律的强制性和规范性功能，但在事实上，比起法律的强制规范性功能，法律的道德教化功能或许是更为重要和根本的。荀子说：

法者，治之端也；君子者，法之原也。故有君子，则法虽省，足以遍矣；无君子，则法虽具，失先后之施，不能应事之变，足以乱矣。不知法之义，而正法之数者，虽博临事必乱。（《荀子·君道》）

在荀子看来，我们在治理伊始或许需要通过法律的强制规范性功能来维持国家和社会的秩序。但在之后的治理过程中，我们就不能完全依靠法律的这种强制性功能来完成所有的事情。因为法律的强制性功能虽能使民众暂时服从于一种刻板的规范性体系，但却很难使人的内心真正地认同这种外在的体系。而且法律本身是一个相对固定不变的体系，这必然会使得它在面对纷繁变化的社会事务时暴露出自身的局限性。在这个意义上，由于君子能够充分了解法的精髓乃在于其道德教化的作用，因而就能根据具体的形势和境况，通过对于法律道德教化功能的彰显和施行，使法律真正成为教化民众内心的主体。因此，荀子认为"法之义"要远比"法之数"重要得多。所谓的"法之义"，其实就是法律中所蕴含的最终道义，也就是儒家所主张的伦理道德。所谓"法之数"，其实就是法律的外在形式，也就是法律的外在强制性的规范形式。荀子认为，如果缺乏"法之义"，那法律就缺乏了内在的精神和动力，只是变成了一副躯壳。法律的最终目的不是"法之数"——法律的外在强制性规范，而是为了实现"法之义"，即人们的道德培养和内在价值。在荀子看来，要实现"法之义"，就必须将君子和法律结合在一起，以此来遏制对于法律强制性功能（"法之数"）的滥用。正是在这一意义上，荀子在《强国》篇中批评了当时的秦国虽然通过商鞅变法实行了法治，但却没有将儒家之道应用于法律统治之中，因而法律也就不能发挥出其应有的培养人们道德的功能，秦国也就距离"王者"的目标相去甚远。（见《荀子·强国》）

虽然法律既有维护国家社会秩序的功能，亦有道德教化的作用，但荀子还是不主张将法律置为一切之首，而将儒家的礼乐搁置一旁。在他看来，法律应该永远是礼乐在治国时的辅助工具，而非万能钥匙。荀子说：

威有三：有道德之威者，有暴察之威者，有狂妄之威者——此三威者，不可不熟察也。礼乐则修，分义则明，……夫是之谓道德之威。礼乐则不修，分义则不明，……然而其禁暴也察，其诛不服也审,其刑罚重而信,……夫是之谓暴察之威。无爱人之心,无利人之事,而日为乱人之道,……夫是之谓狂妄之威。……道德之威成乎安强,暴察之威成乎危弱,狂妄之威成乎灭亡。(《荀子·强国》)

荀子在这里提到了"三威",即"道德之威""暴察之威"和"狂妄之威"。在荀子看来,最佳的体制是礼乐、礼义皆明,而为道德统治,这即是"道德之威"。次一等则为"暴察之威",也就是虽然不能以礼乐为主统治国家,但尚能用法律和刑罚来禁止暴行,遏制犯罪。这种统治方式是以法律的强制性规范为基础的,在现实中大致可以对应当时秦国之国情。而如果统治者根本毫无爱民之心,只知道用刑法来残酷镇压百姓,那这个国家马上就会灭亡。由此可见,荀子从来没有将法律置于道德之上,认为法律是万能的。恰恰相反,在荀子看来,礼乐道德才是治国之道,而法律应当永远成为礼乐道德的辅助工具。在这个意义上,法律的内在精神和最终目的不是统治和压迫人民,而是塑造人们的道德。

那么在现实中,法律又是如何塑造人们的道德的呢?法律的这一功用恐怕不是只通过惩罚犯罪、辅助礼乐来实现的。如果法律具有这种塑造道德功能,那么一定是它自身就具有这种内在的功能和机制,而不只是通过辅助礼乐来实现。但是,道德转化在孔子和孟子那里往往是只与礼或仁联系在一起的。那么对荀子来说,法又是如何能够起到塑造人们道德的作用的呢?

荀子认为,法不仅可以通过强制性手段迫使人们去按照法的规则去行事,还可以将他们影响成为道德的人,从而使他们更加愿意遵循礼。荀子说:

上之于下,如保赤子,政令制度,所以接下之人百姓,有不理者如豪末，则虽孤独鳏寡必不加焉。故下之亲上，欢如父母，可杀而不可使不顺。君臣上下，贵贱长幼，至于庶人，莫不以是为隆正；然后皆内自省，以谨于分。是百王之所同也，而礼法之枢要也。(《荀子·王霸》)

这样，如果法律对所有人都公平并且保障他们的权益，它就能促使人们去反思并认识到稳定的社会分层会给他们带来实际的利益从而愿意自觉坚持法律和礼仪。起初，法似乎是一套控制人民行为的规范性和强迫性的法律。但是经过潜移默化的影响，人们将会被促使反省自己，而当他们认识到维护稳定社会秩序的重要性和由此带给他们的利益时，他们就会变得道德。在这个意义上，法就拥有了与礼相似的道德转化功能。它也能影响人们，使之坚守礼仪原则并培养自己的道德。荀子说：

古者圣王以人之性恶，以为偏险而不正，悖乱而不治，是以为之起礼义，制法度，以矫饰人之情性而正之，以扰化人之情性而道之也，使皆出于治，合于道者也。(《荀子·性恶》)

这样，荀子认为人性为恶，所以法应该施加在人性上从而能够控制人性中无节制的情感和欲望，使之成为道德的起源。

因此，荀子并没有因为他对法律的强调而把儒家导向法家。事实上，荀子建立法律系统不仅仅是为了建立并维护一个秩序化的社会，更是为了培养人们的道德并把他们塑造成"君子"。在荀子看来，法能够被用来维护礼并且能够通过长年累月的影响来塑造人们的本性为善。另外，礼和罚应当在统治一个国家时保持平衡，从而人们能够被培养成为道德的，而秩序化的社会也才能产生。荀子通过抵制法家的观点——法的目的只是用来控制人们（因为人们的爱利本性是不会被转变的)——而保持了儒家的传统。

荀子还是认为刑罚始终只能是仁义之道的补充，而不能超越后者。荀子说：

圣王在上，分义行乎下，则士大夫无流淫之行，百吏官人无怠慢之事，众庶百姓无奸怪之俗，无盗贼之罪，莫敢犯大上之禁。天下晓然皆知夫盗窃之人不可以为富也，皆知夫贼害之人不可以为寿也，皆知夫犯上之禁不可以为安也。由其道则人得其所好焉，不由其道则必遇其所恶焉。是故刑罚綦省而威行如流，治世晓然皆知夫为奸则虽隐窜逃亡之由不足以免也，故莫不服罪而请。书曰："凡人自得罪。"此之谓也。故刑当罪则威，不当罪则侮；爵当贤则贵，不当贤则贱。古者刑不过罪，爵不逾德。故杀其父而臣其子，杀其兄而臣其弟。刑罚不怒罪，爵赏不逾德，分然各以其诚通。是以为善者劝，为不善者沮；刑罚綦省，而威行如流，政令致明，而化易如神。(《荀子·君子》)

所以，荀子的最高理想显然是"刑罚綦省而威行如流"。而要实现这个理想，一开始则必须刑当罪，爵配德。荀子的这一理论与孔孟以来的儒家重视礼乐而以刑法次之的思想一脉相承。

法家代表人物的经典之作《韩非子》中也提到法律必须要使得官吏和民众知晓明白。"法者，宪令著于官府，刑罚必于民心，赏存乎慎法，而罚加乎奸令者也。"(《韩非子·定法》)所谓法，它的法令条文在官府中制定出来，刑罚观念必须深入百姓的心中，要奖赏那些谨慎守法的人，惩治那些违抗禁令的人。对韩非子来说，法律就是要弥补道德制度的软弱和无力。"治民不秉法，为善也如是，则是无法也。"(《韩非子·制分》)这就是说，治理百姓不依法办事，行善到这种程度，那么就等于无法可依。

第二章 治国思想的具体内容

对于韩非子来说，治理国家必须要施行法治而不能人治。韩非子说："释规而任巧，释法而任智，惑乱之道也。"（《韩非子·饰邪》）这是说，执政者放弃准则而使用权术，放弃法令而使用个人智慧，这是产生迷惑混乱的途径。"释法术而心治，尧不能正一国；去规矩而妄意度，奚仲不能成一轮。"（《韩非子·用人》）这就是说，放弃依法治国的办法而靠执政者个人心意，就是尧也不能治理好一个国家；丢掉圆规和直尺而胡乱凭心猜测，就是奚仲也不能做成一个车轮。这就是强调法治，反对人治的思想。韩非子说："明主之道，一法而不求智，固术而不慕信，故法不败而群官无奸诈矣。"（《韩非子·五蠹》）贤明君主的治国办法，一贯依法治国而不依赖个人才智，固守其驾驭臣下之术而不追求个人的忠信，所以法制不会被破坏而群臣也不敢有欺诈的行为了。

和商鞅一样，韩非子同样认为法律应该保持其客观性，不能为不同的人和事而改变。"法不阿贵，绳不挠曲。"（《韩非子·有度》）法律不能偏袒权贵，墨线不能迁就弯曲的木材。"刑过不避大臣，赏善不遗匹夫。"《韩非子·有度》惩罚罪过不使大臣幸免，奖励善行不遗漏平民百姓。无论是大臣还是百姓，惩罚罪过和奖励善行都应该被一视同仁，不应带有等级偏见。

虽然在治理国家中法律应该保持其客观性和公正性，但法律总是由人来贯彻和执行的，所以执法者的素质也非常重要。韩非子说："国无常强，无常弱。奉法者强则国强，奉法者弱则国弱。"（《韩非子·有度》）国家不会永远强盛，也不会永远贫弱。如果执行法令的人坚定，那么国家就会强盛；如果执行法令的人软弱，那么国家就会弱小。

法律虽然在治理国家中相当重要，但必须要刑罚得当，才能使得民众不至于过于畏惧或轻视法律。"用赏过者失民，用刑过者民不畏。"（《韩非子·饰邪》）奖赏用得过分就要失去百姓，刑罚用得过分老百姓就会没有畏惧心理。

成书于汉代的《淮南子》中说："刑罚不足以移风,杀戮不足以禁奸。"(《淮南子·主术训》)这是说,只靠刑罚不能改变不良的风俗,单靠杀戮禁止不了奸邪。因此,不能只依靠刑罚来治理国家,而应该用礼义等来教化民众。"民无廉耻,不可治也;非修礼义,廉耻不立;民不知礼义,法弗能正也。"(《淮南子·泰族训》)民众没有廉耻是不可治理的;不整治礼义道德,廉耻就树立不起来。而老百姓如果不懂得礼义道德,那就连法律也不能纠正他们。"治身,太上养神,其次养形;治国,太上养化,其次正法。"(《淮南子·泰族训》)这就是说,调养身体,最好的办法是保养精神,其次才是保养身体;而治理国家,最高明的办法是教化风俗,其次才是端正法度。这更清楚地强调了礼乐教化在治国中的首要地位。

汉代王符说："立义顺法,遏绝其原,初虽惭愧于一人,然其终也,长利于万世。"(《潜夫论·断讼》)这是在说,设立礼义方面的规范,遵循法律办事,遏绝坏事产生的根源,虽然使最先受到惩处的人蒙受了耻辱和羞愧,然而最终是有利于千秋万代的。

汉代桓宽说："令严而民慎,法设而奸禁。网疏则兽失,法疏则罪漏。罪漏则民放佚而轻犯禁。"(《盐铁论·刑德》)这就是说,政令严明,百姓就会小心谨慎,制定法律,就可以禁止坏人坏事。捕兽的网孔过大,就会使兽跑掉,法律不严格,犯罪的人就会逃脱法网。罪犯漏网,百姓就放肆而轻易犯法。

唐代刘禹锡说："法大行,则是为公是,非为公非,天下之人,蹈道必赏,违之必罚。"(《天论》)法制贯彻到了社会生活的各个方面,法律肯定的,大家就公认是正确的;法律否定的,大家就公认是错误的。全国每一个人,只要遵守法制,就必定受到奖励,违反法制,就必须受到惩罚。

唐代吴兢在《贞观政要》中也说:

仁义，理之本也；刑罚，理之末也。为理之有刑罚，犹执御之有鞭策也。人皆从化，而刑罚无所施；马尽其力，则有鞭策无所用。(《贞观政要·公平》)

这就是说，治理国家要以仁义为本，刑罚只是治理朝政的枝端末节，只是治国的辅助工具。治国需要有刑罚就像驾车需要有鞭子一样，可如果人们都服从教化，刑罚就没用处；马匹尽力拉车，鞭子就没有用处。

宋代叶适说："人主之所恃者法也，故不任己而任法，以法御天下。"(《水心别集·君德一》)这是说，君主依靠的是法律，所以治国不应只靠自己的智慧，而是应该凭借法律，用法律来统御天下。

宋儒朱熹说："从严为本，而以宽济之。"(《朱子语类》卷一百〇八)这就是说，执法应当以严为根本，而以宽作为辅助。"教之不从，刑以督之，惩一人而天下人知所劝戒，所谓辟以止辟，虽曰杀之，而仁爱之实已行乎中。"(《朱子语类》卷七十八)经过教育而不听从，就要用刑罚来责罚他，惩治一个人，使天下人都知道政府鼓励和惩戒的是什么，这就是所说的用法律来禁止法律，虽说是杀了人，但其中行的却是仁爱之实。

《资治通鉴》中探讨了法律的公平性问题。"奉公如法则上下平，上下平则国强。"(《资治通鉴·周纪五》)这就是说，如果奉公守法、不徇私情，那么上下就都安定，上下安定国家就会强大。"不奉公则法削，法削则国弱。"(《资治通鉴·周纪五》)则是说，不以公事为重而徇私情，那么法度就被削弱了，法度被削弱了，国家就衰弱了。《资治通鉴》中也同样强调了执法者的素质问题。"法者天下之公器，惟善持法者，亲疏如一，无所不行，则人莫敢有所恃而犯之也。"(《资治通鉴·汉纪六》)这就是说，法律是天下人民所共有的，只有善于执行法律的人，才能做到亲疏一致，在任何地方都这样实行，人们才不敢有所倚仗而犯法了。

《资治通鉴》中也同样认为，国家治理中应当先用仁爱和道义来教化民众。"渐民以仁，摩民以义，节民以礼，故其刑罚甚轻而禁不犯者，教化行而习俗美也。"（《资治通鉴·汉纪九》）用仁爱来教化民众，用道义来砥砺人民，用礼节来约束人民，因此刑罚虽然很轻而人们却不去违反，就是因为教化的推行使习俗好起来了。

明代张居正说："天下之事，不难于立法，而难于法之必行；不难于听言，而难于言之必效。"（《请稽查章奏随事考成以修实政疏》）这就是说，天下的事情，制定法令并不难，难的是切实贯彻执行法令；听取众人意见并不难，难的是让这些意见真正发生效力。因而，法律说到底还是执行的问题。制定出再好的法律，如果没有真正地付诸实施，那就和没有制定法律一样。

明末清初思想家顾炎武说："法制禁令，王者之所不废，而非所以为治也，其本在正人心，厚风俗而已。"（《日知录卷八·法制》）就是说，对于法制禁令，君主不能废除，然而单独依赖它是无法治理好国家的，治国的根本是通过教化使人心端正，风俗淳厚。由此可见，制定法律与实施刑罚并不是目的，而只是达到教化人心、指导民众正确行为的工具。

第二章 治国思想的具体内容

三、廉政思想

廉政在根本上说就是官员和君主的道德修养问题,从这一道德修养问题进而过渡到在治国中的道德表现。因此,要实行廉政,就必须先要从个人的道德修养做起。

善不积不足以成名,恶不积不足以灭身。小人以小善为无益而弗为也,以小恶为无伤而弗去也,故恶积而不可掩,罪大而不可解。(《易·系辞下》)

不积累好的行为就不足以使人声誉卓著,不积累坏的行为就不足以使人毁灭。品德不好的人认为一般的好事对自己没有好处而不去做,认为一般的坏事对自己没有多大的损害而去做它,所以坏事积累多了,就无法掩盖,罪恶大了,就无法得到解脱。

《论语》中说:"邦无道,富且贵焉,耻也。"(《论语·泰伯》)国家政治黑暗时,你自己却富贵了,这是可耻的。这无疑是对那些权臣和诸侯追逐权力金钱的抨击。对于孔子来说,君主和官员应当以身作则,这样才能使政令畅通,行政体制才能正常运转,发挥正常的功能。"其身正,不令而行;其身不正,虽令不从。"(《论语·子路》)执政者行为正派,就是不发布命令下面也会执行;执政者行为不正派,就是发布命令下面也不会听从。"苟正其身矣,于从政乎何有?不能正其身,如正人何?"(《论语·子路》)如果统治者能够端正自己,对于管理政事还会有什么困难?如果不能端正自己,又怎么能够端正别人呢?在季康子问如何行政时,孔子说:"政者，正也。子帅以正，孰敢不正？"（《论语·颜渊》）政，就是正的意思。如果你带头走正路，谁敢不走正路呢？

《孟子》也提出："杀一无罪非仁也，非其有而取之非义也。"（《孟子·尽心上》）杀害一个没有罪的人，便是不仁；财物不是他自己应该得到的，而他却取用了，便是不义。"无为其所不为，无欲其所不欲。"（《孟子·尽心上》）不做那些自己不该做的事，不要贪图那些自己不该要的东西。"可以取，可以无取，取伤廉。"（《孟子·离娄下》）对于可以取也可以不取的东西，取了就有损于廉洁的名声。"非其道，则一箪食不可受于人；如其道，则舜受尧之天下，不以为泰。"（《孟子·滕文公下》）要是不合正道，哪怕是一篮饭也不可以接受别人的；要是合于正道，就是舜接受尧让给他的天下，也不算过分。因此，对孟子来说，接受东西要以是否合乎道义为标准。如果不符合道义，就不能接受。

孟子更明白地提出："富贵不能淫，贫贱不能移，威武不能屈，此之谓大丈夫。"（《孟子·滕文公下》）这无疑是在彰显君子在自己道德修养和从政时的优良品质。富贵不能使他的心迷乱，贫贱不能使他的节操改变，威力相逼不能使他的意志屈服，这才叫作大丈夫。

古代的经典都提倡官员需要修德以廉政。《管子·七法》中说："重在下则令不行，货上流则官徒毁。"君权下移，政令便无法推行，财物往上流入官吏腰包，官员就必然败坏。"人主务学术数，务行正理，则化变日进，至于大功，而愚人不知也。乱主淫佚邪枉，日为无道，至于灭亡而不自知也。"（《管子·形势解》）说的则是君主的德行修养与治国之间的关系。如果君主致力于学习治国方略，实行正理，那么每天都会有进步，从而可以成就大事业。而愚人不懂得这些。昏君骄奢淫逸，终日只做无道之事，最后只会导致自己的灭亡而不知道原因。因而，贤明的君主能够克服这些恶行，限制自己的物质享乐。"明王不美宫室，非喜小也；不听钟鼓，非恶乐也。

为其伤于本事,而妨于教也。"(《管子·禁藏》)这就是说,贤明的君主不建造华丽的宫殿,不是因为他喜欢矮小简陋的房屋;不听钟鼓之音,也不是因为他讨厌音乐。这是因为如果这样做的话,会伤害正业,妨碍政教推行。"众人者,多营于物,而苦其力、劳其心,故因而不赡,大者以失其国,小者以危其身。"(《管子·禁藏》)一般的君主,多会钻营于物质享受,并为此费力操心,所以弄得自己困顿不堪而国用不足,大者可以亡国,小者也足以危害自身。

官员之所以要修德以廉政,就在于官员本身的地位决定了一个高高在上的官员如果不能做到廉洁正直,其手下就一定不会遵纪守法,这就是上行下效。"货财行于国,则法令毁于官;请谒得于上,则党与成于下;乡官毋法制,百姓群徒不从。"(《管子·八观》)这就是说,贿赂财物风行于国内,法律政令就败坏于官府;请托办事之风通行上面,结党营私就发生在下边;地方官不实行法制,百姓就不会听从他们的命令。也就是说,"凡私之所起,必生于主"(《管子·七臣七主》)。大凡私弊的兴起,一定是从君主开始。因此,君主更应该成为所有人的道德表率。"主好本则民好垦草莱,主好货则人贾市,主好宫室则工匠巧,主好文采则女工靡。夫楚王好小腰而美人省食,吴王好剑而国士轻死。"(《管子·七臣七主》)君主重农业,人民就开垦荒地;君主好财货,人们就去做买卖;君主好宫室,工匠就追求机巧;君主好装饰,女工就讲求靡丽;楚王爱细腰美人,美人就减食;吴王好击剑比武,国士就轻死。同样的道理也表现在这段话中:"凡民从上也,不从口之所言,从情之所好者也。上好勇则民轻死,上好仁则民轻财,故上之所好,民必甚焉。"(《管子·法法》)凡人民趋从上面,不是趋从他口里说的什么,而是趋从于他性情所喜好的是什么。上面喜好勇武则百姓不怕死,上面好行仁义则百姓不吝啬财物。所以说,上面喜好什么,下面就一定喜好什么,而且更厉害。

因此,《管子》中提出,要实行廉政,官员就必须要先自己做到,才能去要求别人,即"先慎于己而后彼,官亦慎内而后外"(《管子·禁藏》)。首先严格要求自己,然后再要求别人;官府也应首先管好内部,然后才管好外部。而对于君主来说,就更是如此了。

明君知民之必以上为心也,故置法以自治,立仪以自正也。故上不行则民不从,彼民不服法死制,则国必乱矣。是以有道之君,行法修制,先民服也。(《管子·法法》)

贤明的君主知道人民一定是以上面的执政者为出发点的,所以设立法度以治理自己,树立礼仪制度以规范自己。因此,上面不以身作则,下面就不会服从;而人民不服从法令,国家就一定要乱了。所以有道的君主,行法令、修制度,总是率先垂范躬行实践的。

廉政不仅是君主和官员自身要做到廉洁正直,而且要在治理国家的过程中节省开支,反对奢侈浪费。"设用无度国家踣,举事不时,必受其灾。"(《管子·七臣七主》)耗费无度,国家必然会覆亡,举事不合时宜,就必然受害。"国侈则用费,用费则民贫,民贫则奸智生,奸智生则邪巧作。"(《管子·八观》)国家奢侈则开支浪费,开支浪费则人民贫困,人民贫困则产生奸邪思想,产生奸邪思想则出现不法行为。"主上用财毋已,是民用力毋休也。故曰:台榭相望者,其上下相怨也。"(《管子·八观》)统治者用财没有限度,就等于让百姓无休止地出力。所以说,大修宫室楼阁只会导致上下之间相互怨恨。

《墨子》也从节俭的角度对廉政进行了探讨。"节俭则昌,淫佚则亡。"(《墨子·辞过》)这就是说,在治理国家中,俭朴节制就能昌盛,骄奢淫逸就会灭亡。"去无用之费,圣王之道,天下之大利也。"(《墨子·辞过》)省却不必要的花费,这是圣王的准则,对天下人大有好处。墨子还说："无从下之政上，必从上之政下。"（《墨子·天志上》）则是对王者的要求，即无法让下面的臣民来纠正君主，必须要由君主做起才能端正臣民。这突出了对统治者个人素质的要求。

廉政的根本在于公私分明。《商君书》中说："今乱世之君臣，区区然皆擅一国之利而管一官之重，以便其私，此国之所以危也。故公私之交，存亡之本也。"（《商君书·修权》）这就是说，当今乱世的君臣，都很满足于独占一国的利益，掌管一个官职的权力，从而便于谋私利。这就是国家危亡的原因。所以公与私的界限，是国家存亡的根本。对商鞅来说，廉政还在于节用俭出。"国富而贫治，曰重富，重富者强；国贫而富治，曰重贫，重贫者弱。"（《商君书·去强》）国家富足，而当穷国来治，这叫作富上加富，富上加富，国家必强；国家贫穷而当富国来治理，就会穷上加穷，穷上加穷，国家必弱。

《礼记》也强调君主应当首先修身，然后才能实施廉政。"君子戒慎乎其所不睹，恐惧乎其所不闻。莫见乎隐，莫显乎微，故君子慎其独也。"（《礼记·中庸》）这就是说，君子就是在别人看不到的地方处处谨慎小心，在别人耳朵听不到的地方也常怀畏惧心理而事事注意。要晓得，尽管隐藏得好，没有不被人发现的；尽管极其细微，没有不显露出来的。因此君子在个人独处时十分谨慎。

《礼记》中也认为，君主所喜好的东西，下属一定会仿效去做，因而君主的品行和德行对于引导一个国家的道德水准至关重要。"君好之，则臣为之；上行之，则民从之。"（《礼记·乐记》）国君喜好的东西，下属就仿效着去做；官吏的所作所为，老百姓又照此办理。"上之所好恶，不可不慎也，是民之表也。"（《礼记·缁衣》）执政者喜欢什么，反对什么，不可不慎重，因为他是老百姓的榜样。对于统治者和官员来说，在面对利益的诱惑时，应该时时刻刻保持警惕，不要用不正当的手段去攫取利益。

尧、舜率天下以仁而民从之，桀、纣率天下以暴而民从之，其所令，反其所好，而民不从。是故，君子有诸己而后求诸人；无诸己而后非诸人。(《礼记·大学》)

尧、舜以仁来统率天下，于是人民也跟着他们讲仁爱。桀、纣以暴虐来统率天下，于是人民也跟着他们不讲仁爱。桀、纣要人民从善政令，这与他们暴虐的本性是相违背的，于是人们便不服从他们。所以说，国君自己有了好的品德而后才能要求别人，自己身上没有恶行而后才能批评别人。

《礼记》中也提到："临财毋苟得，临难毋苟免。"(《礼记·曲礼上》)这就是说，财物当前，不用不正当的途径去获取；危难当前，不用苟且偷安的办法免除灾祸。因此，财富也好，灾难也好，如果不是用正当的方式去求取和回避，那就是不应该做的。"国有道，不变塞焉，强哉矫；国无道，至死不变，强哉矫！"(《礼记·中庸》)国家政治清明时，不改变穷困时的操守，那才是真正的刚强。而当国家政治黑暗时，到死不改变自己的本性，那才是真正的刚强。

《孔子家语》中说："上恶贪则下耻争。"(《孔子家语·王言解》)国君厌恶贪财，下面的人就会以争夺私利为耻。这同样是在强调君主的道德表率作用。

《荀子·王制》中说："聚敛者，召寇、肥敌、亡国、危身之道也，故明君不蹈也。"搜刮钱财，是一条招致外国侵略，对敌人有利，容易使国家灭亡，危及自身的道路，所以贤明的君主绝不走这条路。"明君者，必将先治其国，然后百乐得其中。暗君者，必将荒逐乐而缓治国，故忧患不可胜校也。"(《荀子·王霸》)贤明的君主，必定是先治理好他的国家，然后多种快乐就在其中。昏暗的君主，必定是先追求享乐而把治国大事放在后面,所以忧患的事总是不可胜数。

荀子也同样认为,君主的喜好在某种程度上直接决定了一个国家的强弱与否。荀子说:"上好功则国贫,上好利则国贫。"(《荀子·富国》)这是说,统治者好大喜功,那么国家一定会贫穷;统治者唯利是图,那么国家也一定贫穷。"上者下之师也,夫下之和上,譬之犹响之应声,影之象形也,故为上者,不可不顺也。"(《荀子·强国》)就是说,君主是下面所有人的师表,下面的人追从上面,就好像回音响应声音,影子相像于物体一样。所以作为君主不可不谨慎。

因此,君主应该先要修养自己,再去要求别人。"必先修正其在我者,然后徐责其在人者,威乎刑罚。"(《荀子·富国》)必须先纠正自己的缺点,然后慢慢去批评别人的缺点,其威力比罚还要大。同样的道理也体现在这句话中:"行私而无祸,纵欲而不穷,则民心奋而不可说也。"(《荀子·富国》)这就是说,如果占据高位的人谋取私利而不受到惩罚,放纵欲望而毫无节制,那么下面的民众就将仿效,互相争夺而不可劝服了。

《韩非子·十过》中说:"廉外则可以大任,少欲则能临其众。"为政廉洁就可以担当大任,清心寡欲就能统御众人。

《吕氏春秋》中也有很多关于廉政的思想。"德衰世乱,然后天子利天下,国君利国。官长利官。此国所以递兴递废也,乱难之所以时作也。"(《吕氏春秋·恃君》)这就是说,到了道德衰败世道混乱的年代,然后天子凭借天下谋私利,国君凭借国家谋私利,官员凭借官职谋私利。这就是国家一个接一个兴起,一个接一个灭亡的原因,也是灾难之所以时时发生的原因。因此,治理国家必须要求官员和君主能够公私分明,不因私废公。"智而用私,不若愚而用公。日醉而饰服,私利而立公,贪戾而求王,舜弗能为。"(《吕氏春秋·贵公》）这是说，如果聪明但却把精力都用在谋私上，不如愚昧但却把精力用在为公上，整日醉醺醺的却要整饬法纪，自私自利却要树立公正，贪婪残暴却要称王天下，即使舜也办不到。因此，要求他人为公办事的前提就是自己不能自私自利，不能以权谋私。《吕氏春秋》还记载："伯禽将行，请所以治鲁。周公曰：利而勿利也。"（《吕氏春秋·贵公》）伯禽将去鲁国，临行前请示治理鲁国的方法。周公说："施利给人民而不要谋取私利。"因此，对于治国者来说，不谋取私利而施利给民众才是正确的治国之道。

董仲舒在《春秋繁露·五行相生》中说："至廉而威。"董仲舒认为，最廉洁的官员才能有权威。董仲舒也认为君主应当以身作则，这样才能使臣子效仿。"弃义贪财，轻民命，重货赂，百姓趣利，多奸轨。"（《春秋繁露·五行变救》）这是说，背弃正确的原则而贪图财利，轻视百姓的性命，热衷于搜刮钱财接受贿赂，这样老百姓就会去追逐财利，犯法作乱的人就多起来。

汉代刘向也说："治官事则不营私家。"（《说苑·至公》）这就是说，办理公家的事，就不应该借此为自己谋取私利。刘向也同样认为君主的德行对于引导廉政建设至关重要。"天子好利则诸侯贪，诸侯贪则大夫鄙，大夫鄙则庶人盗。上之变下，犹风之靡草也。"（《说苑·贵德》）天子喜好财物那么诸侯就贪财，诸侯贪财大夫们就作风庸俗，大夫作风庸俗平民就去做贼。上面对于下面的影响，就像大风吹倒荒草那样容易。"树曲木者，恶得直景？人君不直其行，不敬其言者，未有能保帝王之号，垂显令之名者也。"（《说苑·君道》）也是在说这个道理：种植弯曲树木的人，怎么能得到直的树影呢？国君不能使他的行为正直，讲话不慎重，就不可能保住帝王的称号，把他的美名流传后世。同时，刘向也认为，廉政之道还在于君主能够控制自己的用度，勤俭节约。他从反面说："桀以奢亡，纣以淫败。"（《说苑·反质》）夏桀由于奢侈而亡国，殷纣王因为荒淫而衰败。

汉代的王符说:"明王审法度而布教令,不行私以欺法,不黩教以侮命,故臣下敬其言而奉其禁。"(《潜夫论·明忠》)这就是说,贤明的君主审查法度,公布教令,他自己不徇私枉法,不亵渎教令而侮辱自己的使命,臣下才会尊重他的话,遵守他的禁令。这就是说,对于廉政来说,统治者的个人素质和能否遵守法令起着关键作用。

晋代傅玄说:"家不正,修之朝廷;朝廷不正,修之左右;左右不正,修之身。"(《傅子·正心》)这就是说,国家不正,应该整治朝廷;朝廷不正,应该整治君主左右的臣子和近侍;臣子和近侍不正,应该整治君主自身。

唐代吴兢说:"为主贪,必丧其国;为臣贪,必亡其身。"(《贞观政要·贪鄙》)这就是说,做君主的贪得无厌必然会亡国,做臣子的贪得无厌必然会亡身。因此,君主应当做好道德的表率。

君严其禁,臣或犯之,况上启其源,下必有甚,川壅而溃,其伤必多,欲使凡百黎元,何所措其手足?此则君开一源,下生百端之变,无不乱者也。(《贞观政要·君臣鉴戒》)

国君制定了严明的法纪,臣下还有人违犯,何况国君带头违纪,臣下必然违犯得更厉害。阻塞起来的水一旦冲毁堤坝,伤人必定很多,那样让黎民百姓怎么办呢?这就叫国君带了坏头,臣下就会生出多种多样的变故,这样没有不出乱子的。

《贞观政要》也同样认为廉政在于勤俭节用。"克俭节用,实弘道之源;崇侈恣情,及败德之本。"(《贞观政要·规谏太子》)能够勤俭节用,那就确实是弘扬正道的起源;崇尚奢侈,放纵性情,那就是败坏道德的根本。"作法于俭,犹恐其奢;作法于奢,何以制后?"(《贞观政要·征伐》)这是说,制定法律时就着眼于节俭,还唯恐其后流于奢侈;制定法律时就立足于奢侈,那将如何制约后代?《贞观政要》中还说:"凡大事皆起于小事,小事不论,大事又将不可救。社稷倾危,莫不由此。"(《贞观政要·政体》)凡大事都由小事引起的,小事不重视,发展成大事就难以挽救了,国家的危亡,没有不是这样造成的。

  宋代的《资治通鉴》中说:"吏不廉平,则治道衰。"(《资治通鉴·汉纪十八》)这说的是,国家官员不廉正公平,那么治国之道就要衰败。官吏的廉洁正直很重要,而君主的德行就更为重要了。"创业垂统之君,躬行节俭以示子孙,其末流犹入于淫靡,况示之以侈乎!"(《资治通鉴·汉纪三》)开创基业,把天下传给后世的国君总是要亲自厉行节俭,给子孙做出榜样。尽管如此,到了后来,子孙还流于骄奢淫靡,何况他们做出的就是奢侈的榜样呢?"贵爵厚赏而民不劝,深刑重罚而奸不止,其上不正,遇民不信也。"(《资治通鉴·汉纪十》)就是说,爵位尊贵,奖赏丰厚,人民反而不努力,刑律严苛而作奸犯科并不停止,这是因为他们的上级行为不端正,对待人民不讲信用。因此,君主和臣子必须要厉行勤俭之风,才能治国长久。"淫侈之俗,日日以长,是天下之大贼也。"(《资治通鉴·汉纪五》)淫荡奢侈的风气一天天地在增长,这是国家的大祸害。"尽小者大,慎微者著。"(《资治通鉴·汉纪九》)这就是说,在许多小的事情上努力,才能干出大事业;能够在小事上谨慎,他的德行才能显耀。

  明代于谦的《入京诗》中说:"绢帕蘑菇与线香,本资民用反为殃。清风两袖朝天去,免得闾阎话短长。"这就是说,手帕、蘑菇等本来是老百姓的日常生活用品,现在由于贪官污吏的搜刮反而为百姓们带来了灾难。我只能寸物不带,甩着两只长袖入京而去,免得让人们说长道短。这首诗写出了作者廉洁奉公的思想作风。

明末清初思想家王夫之更指出："忠臣不私，私臣不忠。"(《读通鉴论》卷六）就是说，忠臣不会徇私枉法，徇私枉法的肯定不是忠臣。"不以私害公，不以小害大。"(《读通鉴论》卷十五）不以私义损害公利，不以小事情损害大事业。"徇族党好恶之私，己虽正而必陷于邪。"(《读通鉴论》卷十三）说的是，根据亲族朋党的喜好或厌恶而为他们徇私，这样即使自己是正直的，也必然陷于邪恶而不能自拔。王夫之也同样认为，君主的道德表率作用十分重要。"人主不能正于上，大臣不能持于下。"(《读通鉴论》卷七）就是说，君主在上面不能端正自己，大臣就不能保持好的德行。王夫之也同样认为君主应该带头节俭用度，这样才能率领自己的臣民共同节俭。"俭者，先自俭也；让者，先自让也。"(《读通鉴论》卷十二）提倡俭朴，首先自己带头俭朴起来；提倡礼让，首先自己带头礼让。

四、赏罚思想

赏罚思想是中国古代典籍中治国思想的一个重要组成部分。赏就意味着对好人好事进行奖赏,而罚就意味着对坏人坏事进行惩罚。这不仅是用人的原则,更是进行施政的原则。对好人好事进行奖赏,就意味着对德行的奖赏,这样整个社会就会变得崇尚德行,营造出道德的氛围。

《管子·枢言》中说:"明赏不费,明刑不暴,赏罚明则德之至者也。"修明赏赐能激励耕战,从而得多失少,所以耗费并不算多;明正刑罚使罪刑减少所以算不上残暴。赏罚严明是德政的最好表现。《管子·七法》中说:"罚有罪、赏有功,则天下从之矣。"惩罚有罪,赏赐有功,天下人就都纷纷跟从了。"有功而不能赏,有罪而不能诛。若是而能治民者,未之有也。"(《管子·七法》)有功不赏赐,有罪不惩罚,却能治理好人民,这样的事是从来没有的。"见其可也,喜之有征;见其不可也,恶之有刑。赏罚信于其所见,虽其所不见,其敢为之乎。"(《管子·权修》)见到人们做好事,喜悦还要有实际奖赏;见到人们做坏事,厌恶并且有具体惩罚。赏善罚恶,对于亲自领受的人确实兑现了,那未亲身经历的人也就不敢胡作非为了。"非号令毋以使下,非斧钺毋以畏威众,非禄赏毋以劝民。"(《管子·重令》)没有号令就无法使役臣下,没有刑杀就无法威服民众,没有奖赏就无法鼓励人民。"无爵禄则主无以劝民,无刑罚则主无以威众。"(《管子·明法解》)没有爵禄,君主就没有办法鼓励人民;没有刑罚,君主就没有办法威慑人民。"上多喜善赏,不随其功,则士不为用;数出重法,而不克其罪,则奸不为止。"(《管子·七臣七主》)君主因宠爱而多行赏,不看功绩大小,士人就不肯效力;君主多用苛重刑法,不审核罪行轻重,恶人就不能被禁止。

功多为上,禄赏为下,则积劳之臣不务尽力;治行为上,爵列为下,则豪杰材臣不务竭能;便辟左右,不论功能而有爵禄,而百姓疾怨非上,贱爵轻禄。(《管子·八观》)

功劳多的,禄赏反而在下,多功之臣就不肯尽心竭力;政绩好的,官爵反而在下,豪杰能臣就不肯竭尽所能;君主的宠臣侍从之类,不论功劳能力而享有爵禄,百姓就会严重地怨恨、非议君主而鄙视爵禄。

所以,对于赏罚来说,赏赐的财物不能有所吝惜,而惩罚也不能有所放松。《管子》中说:

圣人设厚赏,非侈也;立重禁,非戾也。赏薄则民不利,禁轻则邪人不畏。设人之所不利,欲以使,则民不尽力;立人之所不畏,欲以禁,则邪人不止。(《管子·正世》)

这就是说,圣人设厚赏不能算作奢侈浪费,行重刑不能算作暴戾严酷。赏赐太少则人民不重视,惩罚太轻则恶人无所畏惧。设立人们不以为然的轻赏,想要役使人们做事,则不肯尽力;设立人们不以为然的轻罚,想要禁止人们作恶,则恶人不会平息。"惠主:丰赏厚赐以竭藏,赦奸纵过以伤法。藏竭则主权衰,法伤则奸门闾。故曰:'泰则反败矣。'"(《管子·七臣七主》)好施恩惠的君主:赏赐过于丰厚以致使国库枯竭,刑罚过于宽大以致损害国法。国库枯竭则君权衰败,损害国法则奸佞之门敞开。所以说,凡事做过头了反而会失败。

《管子》还认为，赏罚不应有私心，要秉公办理。无论被赏罚的人地位如何，都应该不论贵贱，一视同仁。"论功劳，行赏罚，不敢蔽贤有私。"(《管子·地图》)评论功绩，实行赏罚，不敢有私心埋没贤才。"便辟、左右、大族、尊贵、大臣，不得增其功焉。疏远、卑贱、隐不知之人，不忘其劳。故有罪者不怨上，受赏者无贪心。"(《管子·七法》)这是说，宠臣、侍从、大族、权贵和大臣们，不得凭特权加功。关系远的、地位低的、不知名的，有功也不得埋没。这样，犯罪受刑的人不会抱怨上面，有功受赏的人也不会得寸进尺滋长贪心。"罚避亲贵，不可使主兵。"(《管子·立政》)在掌握刑罚时回避亲友权贵的人，不可以让他统率军队。"虽心之所爱而无功者不赏也，虽心之所憎而无罪者弗罚也。"(《管子·明法解》)虽然是自己心爱的人，但无功也不赏；虽然是自己所憎恶的人，无罪也不罚。

　　因此，赏罚本身也是国家法治之道的一个方面。赏罚本身也不能凭施政者的个人意志，而要依据一定的规章制度。"乱国之道，易国之常，赐赏恣于己者，圣王之禁也。"(《管子·法禁》)破坏国家正道，改变国家常法，封赐与禄赏之事全随个人意志决定，这是圣王所要禁止的。"论功计劳，未尝失法律也。"(《管子·七法》)在评定功劳时，不能离开法令制度。"明分职而课功劳，有功者赏，乱治者诛，诛赏之所加，各得其宜，而主不自与焉。"(《管子·明法解》)分清职责并以此来考核功劳，有功者赏，治理混乱者罚，赏罚的施行，各自都很得当，而君主不去干预。与此相反的是：

　　乱主不察臣之功劳，誉众者，则赏之；不审其罪过，毁众者，则罚之。如此者，则邪臣无功而得赏，忠正无罪而有罚。故功多而无赏，则臣不务尽力；行正而有罚，则贤圣无从竭能。(《管子·明法解》)

这就意味着，昏君不明察臣下的实际功劳，只看赞扬的人多，就进行奖励；也不详察臣下的实际罪过，只看攻击的人多，就进行处罚。这样一来就容易形成奸邪之臣无功而受赏，忠直之臣无罪而受罚。功多而无赏，臣下就不再致力于为国尽忠效力；行为忠正而受罚，圣贤就无法竭尽全部才能报效国家。

在赏罚本身就是法治的一个方面的前提下，赏罚就不以施政者的喜怒哀乐为依凭，而要建立一个统一的可以为所有人遵循的标准。"喜无以赏，怒无以杀。喜以赏，怒以杀，怨乃起，令乃废。"（《管子·版法》）不可因个人喜悦而行赏，也不可因个人恼怒而随意杀人。如果因喜而赏，因怒而杀，人民就会生怨，政令就会废弛。

《墨子·尚同下》中说："善人不赏而暴人不罚，为政若此，国众必乱。"好人得不到奖励，坏人得不到惩罚，政事如果搞成这样，国家和民众必乱无疑。墨子又说："若苟上下不同义，上之所赏，则众之所非。"（《墨子·尚同中》）如果上下思想不一致，就会导致上面所奖励的正是下面所非议的。"赏贤、罚暴，勿有亲戚弟兄之所阿。"（《墨子·兼爱下》）奖赏贤人，惩罚暴恶，不要有偏袒父母兄弟的现象。

《左传》中提到："为政者不赏私劳，不罚私怨。"（《左传·昭公五年》）执政的人不赏赐对自己有功劳的人，不惩罚对自己有怨仇的人。"施不失人，亲不弃劳。"（《左传·哀公元年》）赏赐时不遗漏该奖励的人，亲近人时不遗弃有功劳的人。

《商君书·农战》中说："君修赏罚以辅壹教，是以其教有所常而政有成也。"国君制定赏罚制度来辅助统一的教化，所以教化就有了常规，政令就有了成效了。"兴国行罚，民利且畏；行赏，民利且爱。"（《商君书·去强》）兴盛的国家，施行刑罚，民众觉得对自己有利而且畏惧它；施行奖赏，民众也认为对自己有利而且喜爱它。"利出一空者其国无敌，利出二空者国半利，利出十空者其国不守。"(《商君书·靳令》)利禄出自一个途径,这样的国家就会无敌于天下;利禄出自两个途径,国家只能得到一半利益;利禄出自十个途径,这样的国家就保不住了。主张统治者要通过赏罚,把人们对利禄的追求引导到一个方向,使大家都朝这个方向努力。

商鞅说:"凡赏者,文也;刑者,武也;文武者,法之约也。"(《商君书·修权》)奖赏,是文的手段,刑罚,是武的手段;这一文一武,才是法治的纲要。这就是要将赏罚并用,才能既约束恶人,也鼓励好人。"人情好爵禄而恶刑罚,人君设二者以御民之志而立所欲焉。夫民力尽而爵随之,功立而赏随之。"(《商君书·错法》)人的常情是爱好爵禄而厌恶刑罚,于是国君便设置这两样东西来控制民众的思想,确立他们的追求。民众尽了力就要给爵禄,立了功就要给奖赏。

更进一步,商鞅认为,奖赏不丰厚,就不能激励民众行善事,而惩罚不严酷,就不能禁止恶人行坏事。商鞅说:"不荣则不急,列位不显,则民不事爵。"(《商君书·错法》)如果给予的爵禄不显耀,民众就不会急于得到爵禄;如果给予的爵位不显贵,民众就不会追求那些爵位。"其国刑不可恶而爵禄不足务也,此亡国之兆也。"(《商君书·算地》)说的是,如果一个国家的刑罚不足以使人感到畏惧,官爵俸禄也不值得追求,这就是亡国的征兆。

商鞅说:"赏不可倍也。"(《商君书·说民》)奖赏不可以失信。"上多惠言而克其赏,则下不用;数加严令而不致其刑,则民傲罪。"(《商君书·修权》)如果执政者多用口头许愿而不使奖赏兑现,民众就不肯效力;如果一再发布严令而不执行刑罚,民众就会对刑罚毫不在乎。因此,赏罚都必须要按照严格标准来执行。

在赏罚方面,商鞅也同样认为赏罚应遵循一定的标准,奖赏是按照功绩大小来分配。"授官予爵不以其劳,则忠臣不进,行赏赋禄不称其功,则战士不用。"(《商君书·修权》)如果在授予官职爵位时不根据功绩，忠臣就不肯尽力；施行赏禄时，与人的功绩大小不相称，士兵就不肯效力。商鞅形象地说："四寸之管无当，必不满也。授官、予爵、出禄不以功，是无当也。"（《商君书·靳令》）这就是说，四寸长的竹管如果没有底，就一定装不满。国家授官职、封爵位、给俸禄，如果不按照功绩大小，就和竹管没有底一样了。

对商鞅来说，赏罚同样要一视同仁。"便请谒而后功力，则爵行而兵弱矣。"（《商君书·错法》）把宠臣的请托放在前面，把人们的功劳放在后面，那么，尽管以爵位行赏，而兵力还是虚弱。

对于商鞅这位最早的法治主义提倡者而言，赏罚也无疑属于法治的范围之内。"立法明分，中程者赏之，毁公者诛之。赏诛之法不失其义，故民不争。"（《商君书·修权》）制定法令制度，分清是非界限，合乎章程的就奖赏，损害公利的就惩罚。奖惩的办法不违背合理的准则，民众就不会有争议。

对荀子来说，奖惩有度是自古圣王所设定的法度，必须要为后世君主所遵守。《荀子·强国》中说："尚贤使能，赏有功，罚有罪，非独一人为之也，彼先王之道也，一人之本也。"尊尚贤人，任用能人，奖励有功，惩罚有罪，这并不是某个人的独特做法，它是先王遵循的原则，是使人民协调一致的根本。奖惩的根本作用在于用奖励来鼓励人们的善行，用惩罚来约束人们的恶行。"勉之以庆赏，惩之以刑罚。"（《荀子·王制》）用奖赏对人们进行勉励，用刑罚对人们进行惩处。也就是说，"赏不行，则贤者不可得而进也；罚不行，则不肖者不可得而退也"（《荀子·富国》）。不实行奖赏，那么贤者就不能够得到任用；不实行惩罚，那么不贤的人就不能够清除和罢免。"无德不贵，无能不官，无功不赏，无罪不罚。"（《荀子·王制》）无德之人不能使他享有尊贵的地位，无能之人不能授予他官职，没有功劳就不能给予奖赏，没有罪过就不能给予惩罚。这就是必须要按照才能和业绩来进行褒贬奖罚。"言有节，稽其实，信诞以分赏罚必。下不欺上,皆以情言,明若日。"(《荀子·成相》)说话有法度,遇事要考虑实际,真假分清了,赏罚就能严明。这样,下级就不敢欺骗上级,都说实话,使政事像太阳一样明朗。"听之经,明其请,参伍明谨施赏刑。显者必得,隐者复显,民反诚。"(《荀子·成相》)听政的原则,是必须查明实情,经过反复多次的调查了解,情况清楚了才能谨慎地实行赏罚,明显的事情一定要查清,隐藏的事情也要使它暴露出来,这样,人民就都复归于诚实了。因此,赏罚对于荀子来说绝不是一种随意的行为,它是必须要经过充分的调查研究,了解被赏罚人的实际行为之后才能做出的决定。所以,荀子说:"刑不过罪,爵不逾德。"(《荀子·君子》)意思就是说,刑罚不能超过其罪行,爵位不能超过其德行。而"赏不欲僭,刑不欲滥。赏僭则利及小人,刑滥则害及君子"(《荀子·致仕》)。奖励不要过分,惩罚也不要过分。奖励过分,那么小人就占了便宜;惩罚过分,就会使好人受到伤害。

《韩非子·八经》中说:"凡治天下,必因人情。人情者有好恶,故赏罚可用。赏罚可用则禁令可立,禁令可立而治道具矣。"凡是治理天下,一定要根据人的性情。人的性情有喜欢和厌恶,所以赏罚才可以使用。赏罚可用那么禁令才行得通,治理天下的方法也就具备了。"赏罚者,利器也。君操之以制臣,臣得之以壅主。"(《韩非子·内储说下》)赏罚是治国的精良工具,国君用它来统制大臣,大臣用它来拥戴君主。"赏刑明则民尽死,民尽死则兵强主尊。"(《韩非子·饰邪》)这就是说,奖赏和刑罚明确,那么老百姓就会尽死效命,百姓尽死效命就会使军队强大而君主尊贵。"重刑少赏,上爱民,民死赏。多赏轻刑,上不爱民,民不死赏。"(《韩非子·饬令》)刑罚很重,奖赏很少,但国君爱护百姓,百姓也愿意为立功受赏而效死力。赏赐很优厚,刑罚很轻,但国君不爱护百姓,百姓也不愿为立功受赏而效死力。

第二章 治国思想的具体内容

对于韩非子来说,赏罚同样需要有明确的标准。"有过不罪,无功受赏,虽亡不亦可乎?"(《韩非子·内储说上》)这就是说,有过失不追究罪责,没有功劳也受奖赏,灭亡不也是可能的吗?"功当其事,事当其言,则赏;功不当其事,事不当其言,则诛。"(《韩非子·主道》)功绩符合他所做的事,所做的事符合他所说的话,就奖励他;功绩不符合他做的事,所做的事不符合他所说的话,就惩罚他。

在这一前提下,赏罚都要按照标准执行,不能赏厚罚薄或赏薄罚厚,此轻彼重。韩非子说:"赏誉薄而谩者下不用,赏誉厚而信者下轻死。"(《韩非子·内储说上》)奖赏和荣誉少并且带有欺骗的行为,对于下级就不会发挥什么作用;奖赏和荣誉多并且讲信用,下级就会轻视生命而拼死相求。"赏厚而信,人轻敌矣;刑重而必,人不北矣。"(《韩非子·难二》)奖赏优厚而有信用,人们就会不把敌人放在眼里而拼死战斗;刑罚很重而且必定施行,人们就会奋勇杀敌而不会败北了。"凡赏罚之必者,劝禁也。赏厚,则所欲之得也疾;罚重,则所惠之禁也急。"(《韩非子·六反》)凡赏罚所以必要,是为了劝勉人们不做坏事。赏赐优厚,那么人们想得到它的心情也迫切;惩罚严厉,那么人们想从遵守禁令中获得好处的心情也急迫。"欲治甚者,其赏必厚矣;其恶乱甚者,其罚必重矣。"(《韩非子·六反》)想要把国家治理得更好的,他的奖赏一定是优厚的;非常不喜欢国家混乱的,他的刑罚一定是严厉的。"赏莫如厚,使民利之;誉莫如美,使民荣之;诛莫如重,使民畏之;毁莫如恶,使民耻之。"(《韩非子·八经》)奖赏没有比优厚更重要的了,这样可以使百姓觉得它有利可图;声誉没有比美名更好的了,这可以使百姓觉得光荣;惩罚没有比严厉更有必要了,这样可以使百姓产生畏惧;伤害没有比恶名更重了,这可以使人觉得耻辱。

因此,赏罚都不能失信于人。韩非子说:"言赏则不与,言罚则不行,赏罚不信,故士民不死也。"(《韩非子·初见秦》)说要奖赏却不给予,说要惩罚却不实行,赏罚如此不讲信用,所以兵士百姓就不肯效死命。"小信成则大信立,故明主积于信。赏罚不信,则禁令不行。"(《韩非子·外储说左上》)小的信用实现了,大的信用就会建立,所以贤明的君主注意积累信用。赏罚没有信用,那么就做不到令行禁止。

在赏罚标准明确的前提下,进行赏罚时就不能有贵贱上下之分。"诚有功,则虽疏贱必赏;诚有过,则虽近爱必诛。"(《韩非子·主道》)确实有功劳,那么即使是疏远卑贱的人也一定要赏赐他;确实有过错,那么即使是亲近喜爱的人也一定惩处他。

对于法家韩非子而言,赏罚同样是法律所规定的事情。"赏罚无度,国虽大兵弱者,地非其地,民非其民也。"(《韩非子·饰邪》)赏罚没有尺度,国家即使很大但军队力量疲弱,土地不是他们自己的土地,人民不是他自己的人民。"赏告而奸不生,明法而治不烦。"(《韩非子·心度》)奖赏告发奸邪的人,奸邪的行为就不会发生;彰明法度,国家的治理就不繁乱。因此,赏罚不能以个人的喜怒哀乐为依凭,而要根据客观的标准。"喜则誉小人,贤不肖俱赏;怒则毁君子,使伯夷与盗跖俱辱。故臣有叛主。"(《韩非子·用人》)高兴时就赞誉小人,有才能的和没有才能的人一同奖赏;发怒的时候就伤害君子,使伯夷那样的好人和盗跖那样的恶人同受侮辱。所以大臣有背叛君主的。"至治之国,有赏罚,而无喜怒,故圣人极;有刑法而死,无螫毒,故奸人服。"(《韩非子·用人》)治理得最好的国家,有赏有罚,却没有因喜怒而滥施的,所以就用不着圣人了;有因受刑而死的,却没有遭受震怒之毒的,所以奸诈的人都就被慑服了。

《吕氏春秋》也认为赏罚必须要有标准,而且这一标准必须要不折不扣地执行。书中说:"以非为是,以是为非,是非无度,而可与不可日变。所欲胜因胜,所欲罪因罪,郑国大乱,民口谨哗。"(《吕氏春秋·离谓》)把错的当成对的,把对的当成错的,是非没有不变的标准,允许的与不允许的标准每天都在变。想让某人诉讼胜了他就能胜,想让某人获罪他就能获罪。郑国于是大乱,人民吵吵嚷嚷。说明行事没有不变的标准,是非不分,天下必定大乱。"可不可无辨,而以赏罚,其罚愈疾,其乱愈疾。此为国之禁也。"(《吕氏春秋·离谓》)可以的与不可以的没有辨别标准,却凭这施加赏罚,那么惩罚越厉害,混乱也越厉害。这是治理国家的禁忌。"民有非则非之,民无非则非之,民有罪则罚之,民无罪则罚之,而恶民之难治,可乎?"(《吕氏春秋·正名》)人民有错误责备他们,人民没有错误也责备他们;人民有罪惩罚他们,没有罪也惩罚他们。这样做,反倒埋怨人民难以治理,这样能行吗?这就是说,惩罚如果没有正确的标准,人民就会很难治理。

此外,赏罚必须要有信用。"赏罚信乎民,何事而不成?"(《吕氏春秋·慎小》)赏罚取信于民,还有什么事做不成?"民之不用,赏罚不充也。"(《吕氏春秋·用民》)人民不受驱遣,是因为赏罚没有兑现。

汉代董仲舒也认为,赏罚有明确的标准,也就是必须要根据功过来加以确定。他说:"赏罚用于实,不用于名。"(《春秋繁露·考功名》)赏和罚都是根据实际功过,而不是根据名声。"赏不空施,罚不虚出。"(《春秋繁露·保位权》)奖赏不能没有根据,而惩罚也不能没有标准。既然赏罚要有标准,那就不能以个人的喜怒来随意赏罚。"不以喜怒赏罚。"(《春秋繁露·离合根》)不根据自己的高兴、发怒等个人情绪来决定奖励和惩罚。"是非不能混,喜怒不能倾,奸宄不能弄,万物各得其真,则百官劝职,争进其功。"(《春秋繁露·考功名》)是非不能混淆,不能因领导者的喜怒而丧失公平,奸宄之人无法从中玩弄手段,万物都各得其所,这样百官都受到鼓励而尽心尽责，争先恐后为国家建功立业。"人主当喜而怒，当怒而喜，必为乱世矣。"（《春秋繁露·王道通三》）君主在应当高兴的时候却发怒，在应当发怒的时候却高兴，这样喜怒失当，社会就会成为乱世。因此，施政者只有在保持心境平和的情况下才能做出正确的决策。"不和不可以发庆赏之德，不平不可以发刑罚之威。"（《春秋繁露·威德所生》）不是在心平气和的情况下，就不能通过奖赏来施行恩德，不能通过刑罚来突出威势。

我虽有所愉而喜，必先和心以求其当，然后发庆赏以立其德。虽有所忿而怒，必先平心以求其政，然后发刑罚以立其威。（《春秋繁露·威德所生》）

君主本人在情绪欢愉表现得很高兴的时候，一定要让心情平和下来以求办事得当，然后才能从事奖赏树立德惠；在心里生气情绪愤怒的时候，一定要让心情平静下来以求办事正确，然后才能实行刑罚树立权威。

《淮南子》说："无功而厚赏，无劳而高爵，则守职者懈于官，而游居者亟于进矣。"（《淮南子·主术训》）意思就是说，没有功绩而得到厚赏，没有功劳而得到高的爵位，这样忠于职守的官员对工作就不努力了，而那些不务正业的人就迫不及待地钻营。"赏不当功，诛不应罪，上下离心，而君臣相怨也。"（《淮南子·主术训》）奖赏与功劳不相称，惩罚与罪行不一致，上上下下就会离心离德，君臣之间就会互相怨恨。

《淮南子》也同样认为赏罚不能有主观偏见："明主之赏罚，非以为己也，以为国也。适于己而无功于国者，不施赏焉；逆于己便于国者，不加罚焉。"（《淮南子·缪称训》）贤明的君主施行赏罚，不是为了君主自己，而是为了国家。对于与自己意气相投但对国家没有功劳的人，不能给予奖赏；对于不顺从自己但对国家有好处的人，不能给予处罚。

汉代刘向说："有功而不赏，则善不劝；有过而不诛，则恶不惧。"（《说苑·政理》）有功劳而不奖赏，好人就得不到鼓励；有过错而不惩罚，恶人就不害怕。因此，赏罚必须严明，才能促进好人好事不断出现，而恶人恶事不断消除。"善为刑罚则圣人自来，尚贤使能则官府治。"（《说苑·政理》）正确地使用刑罚，圣人就能主动到你这边来；尊敬贤者，使用能干的人，官府就能治理好。

汉代王符说："张重利以诱民，操大威以驱之，则举世之人，可令冒白刃而不恨，赴汤火而不难。"（《潜夫论·明忠》）设立丰厚的利禄来引诱百姓，掌握至高无上的威严来驱使百姓，这样可以命令所有人出入枪林刀丛而无怨恨，赴汤蹈火而不为难。

上有功于天下，下有益于百姓，则稍迁位益土，以彰有德；其怀奸藏恶尤无状者，削土夺国，以明好恶。（《潜夫论·三式》）

对上有功于国家，对下有益于百姓的人，就要适当地升高他的爵位，增加他的封地，以表彰有德的人；对于那些心怀奸意包庇邪恶而且没有任何功绩的人，就要削减他的封地，剥夺他的诸侯国，以明示善恶。

汉代韩婴也说："赏勉罚偷，则民不怠。兼听齐明，则天下归之。"（《韩诗外传》卷六）赏赐勤勉的人，惩罚偷安的人，那么老百姓就不会怠惰了。广泛听取各方面的意见，各种情况就能看得清楚，那么天下的人就能归附他了。

汉代贾谊也说："庆赏以劝善，刑罚以惩恶，先王执此之政，坚如金石；行此之令，信如四时；据此之公，无私如天地。"（《治安策》）这就是说，实行奖赏以鼓励好事，施行刑罚以惩治坏事，就会使国家坚如金石；实行这样的法令，就会使政府的信用像四季一样准确可期；遵循这样公正的原则，就像天地对待万物一样没有私情。

晋代傅玄说："治国有二柄，一曰赏，二曰罚。赏者，政之大德也；罚者，政之大威也。"（《傅子·治体》）治理国家有两个方面，第一是赏，第二是罚。赏，体现当政者的大德；罚，体现当政者的权威。

唐代吴兢说："设礼以待之，执法以御之，为善者蒙赏，为恶者受罚，安敢不企及乎？安敢不尽力乎？"（《贞观政要·择官》）用礼遇对待人民，用法律驾驭人民，做好事的受到奖赏，做坏事的受到惩罚，这样谁还敢不跟上来呢？谁还敢不尽力呢？"罚不及于有罪，赏不加于有功，则危亡之期，或未可保。"（《贞观政要·诚信》）有罪者受不到惩罚，有功者得不到奖赏，那么灭亡的时刻说不上什么时候就会到来。

吴兢在《贞观政要》中说："君之赏不可以无功求，君之罚不可以有罪免。"（《贞观政要·择官》）国君的奖赏不能以无功而求得，国君的刑罚不能对有罪之人进行赦免。"赏不以劝善，罚不以惩恶，而望邪正不惑，其可得乎？"（《贞观政要·择官》）奖赏不能鼓励人做好事，刑罚不能惩戒坏人坏事，却希望邪正分明，那是可能的吗？"赏当其劳，无功者自退；罚当其罪，为恶者戒惧。故知赏罚不可轻行。"（《贞观政要·择官》）所赏符合其功劳，无功之人自会后退。所罚符合其罪过，作恶之人便都害怕。所以知道赏罚大事不可轻易施行。

《贞观政要》中也认为，奖罚也必须要有一定的标准。"刑滥，则小人道长，赏谬，则君子道消。小人之恶不惩，君子之善不劝，而望治安刑措，非所闻也。"（《贞观政要·刑法》）刑罚滥施，小人的气焰就更嚣张；奖赏谬行，君子的正气就会消退。对小人之恶不予惩罚，对君子之善不予奖励，而希望社会安定，这是从来不会有的。

既然奖赏需要一定的标准，那就不能以人的喜怒哀乐为凭来加以赏罚。

遇喜则矜其情于法中，逢怒则求其罪于事外，所好则钻皮出其毛羽，所恶则洗垢求其瘢痕。瘢痕可求，则刑斯滥矣；毛羽可出，则赏因谬矣。(《贞观政要·刑法》)

遇到高兴的时候就以情代法，碰上生气的时候就无中生有地在事实之外网罗罪名。对于自己喜欢的人，就想方设法找他的长处，对于自己厌恶的人，就吹毛求疵找他的毛病。毛病一旦找到，刑罚就要滥施了；长处一旦被找到，奖赏就要谬行了。因此，对于君主来说，切勿凭着个人的喜怒哀乐来对自己喜欢或恼恨的人加以赏罚，这样就失去了赏罚的客观标准，必然会使赏罚失去应有的意义。"自古帝王多任情喜怒，喜则滥赏无功，怒则滥杀无罪。是以天下丧乱，莫不由此。"(《贞观政要·求谏》)自古以来的帝王大都放任自己的性情凭喜怒处理事情。高兴时，对无功之人也滥加奖赏；恼怒时，对无罪之人也滥加杀戮，所以说国家的动乱没有不是由此引起的。"恩所加，则思无因喜以谬赏；罚所及，则思无因怒而滥刑。"(《贞观政要·君道》)打算实施恩赐时就要想到不要因自己喜欢就错误地加以奖赏；打算进行惩罚时就要想到不要因自己生气就滥施酷刑。

在这里，我们不由得想起唐太宗李世民和魏徵之间的故事。有一次，魏徵在上朝的时候，跟唐太宗争得面红耳赤。唐太宗实在听不下去，想要发作，又怕在大臣面前丢脸，只好勉强忍住。退朝以后，他憋了一肚子气回到内宫，见了他的妻子长孙皇后，气冲冲地说:"总有一天,我要杀死这个乡巴佬!"长孙皇后很少见太宗发那么大的火,问他说:"不知道陛下想杀哪一个?"唐太宗说:"还不是那个魏徵!他总是当着大家的面侮辱我,叫我实在忍受不了!"长孙皇后听了,一声不吭,回到自己的内室,换了一套朝见的礼服,向太宗下拜。 唐太宗惊奇地问道:"你这是干什么?"长孙皇后说:"我听说英明的天子才有正直的大臣,现在魏徵这样正直,正说明陛下的英明,我怎么能不向陛下祝贺呢!"这一番话就像一盆清凉的水,把太宗的满腔怒火浇熄了。公元643年,直言敢谏的魏徵病死了。唐太宗很难过,他说:"一个人用铜作镜子,可以照见衣帽是不是穿戴得端正;用历史作镜子,可以看到国家兴亡的原因;用人作镜子,可以发现自己做得对不对。魏徵一死,我就少了一面好镜子了。"这个故事恰好说明了,君主不可因自己的喜怒哀乐随意处置大臣。大臣可能会因为犯颜直谏而惹怒君主,但君主却不能因为自己的恼怒而惩罚臣子。如果只以自己的喜好或恼怒作为自己做决定时的依凭,那就一定会导致决策失误,从而失去民心,众叛亲离。

既然赏罚都需要依据人的功过来进行,那就不能对人有高低贵贱的偏见。"刑赏之本,在乎劝善而惩恶,帝王之所以与天下为画一,不以贵贱亲疏而轻重者也。"(《贞观政要·刑法》)实行奖罚的根本目的在于劝善惩恶,君主运用它时坚持全天下一个标准,不能按贵贱亲疏而有所轻重。同样,奖罚也不能因为亲疏之别就带有偏见。"赏不遗远,罚不阿近。"(《资治通鉴·魏纪四》)奖赏不遗漏疏远之人,惩罚不偏袒亲近之人。"爵不可以无功取,刑不可以贵势免。"(《资治通鉴·魏纪四》)爵位没有功绩就不能获取,刑罚不能因为地位高贵而减免。同样,赏罚不能以个人的喜怒为凭。"官赏刑罚,与天下共其可否,勿以己之爱憎喜怒移之,天下自理。"(《资治通鉴·唐纪六十四》)任用官员,施行奖赏,运用刑罚,应当符合天下公论,不要以自己的爱憎喜怒为转移,天下自然就治理好了。

唐代李筌说:"刑多而赏少,则无刑;赏多而刑少,则无赏。"(《太白阴经·刑赏篇》)刑罚多而奖赏少,刑罚就会失去作用;奖赏多而刑罚少,也会使奖赏失去作用。"王者以赏禁,以刑劝,求过而不求善,而人自为善。"(《太白阴经·刑赏篇》)凡是统治者,都是应该用奖赏来禁止坏事,用刑罚来劝人遵守规矩。他还说:"怯人使之以刑,勇人使之以赏。刑能移人之性、赏能励人之心者,在刑赏之间。"(《太白阴经·人无勇怯篇》)对懦弱的人使用刑法,就会使他变得勇敢;对勇敢的人使用奖赏,就会使他更加拼死效力。能够去掉人的胆怯、改变人心的办法,就在刑法和奖赏之间。因此,对于人性当中的懦弱,必须要使用外在的手段来加以改变。

王夫之说:"赏者,人君驭下之柄。"(《读通鉴论》卷四)爵禄和赏赐,是君主驾驭臣下的工具。"赏之以功,旌之以能;绥之以德,束之以法。"(《读通鉴论》卷九)对有功的进行奖励,对有能力的进行表彰,用恩惠进行安抚,用法律进行约束。

《资治通鉴·汉纪二十》中说:"人君者,察美恶,辨是非,赏以劝善,罚以惩奸,所以为治也。"作为君主,应当明察善恶,分辨是非,用奖励来鼓励好人,用刑罚来惩处奸人,这样才能使国家大治。"罚当罪,则奸邪止;赏当贤,则臣下劝。"(《资治通鉴·汉纪十》)惩罚与其罪过相称,那么奸邪就会停止;奖励与其贤能相称,那么臣子们就会受到鼓励。"赏不僭,刑不滥;与其不得已,宁僭无滥。"(《资治通鉴·汉纪三十八》)奖励不能过分,刑罚不能滥施;实在不得已时,宁可奖励过分,也不要滥施刑罚。

王夫之说:"好恶赏罚,治乱之枢机。"(《读通鉴论》卷二十一)执政者的喜好与厌恶,奖励与惩罚,是治与乱的关键。"奖远臣以忠鲠,而化近臣于公坦。"(《读通鉴论》卷六)对于离自己较远的臣子忠诚正直的表现，要给予奖励；对于与自己亲近的臣子，则教化他们要公正坦诚，不阿谀曲从。"一人之予夺私，而兆民之公理废矣。"（《读通鉴论》卷二十二）执政者根据私意在权力、利益方面随意给予或剥夺，那么亿万民众的公理就被废弃了。因此，赏罚必须要依据一定之规，不能随意施行。王夫之又说："恩威者，必有准者也，在己可白，而在物可信也。"（《读通鉴论》卷七）执政者施行恩惠与威严，必须有一定的准绳，对于自己来说能够明了，对于别人来说能够有信用。"奖之不以其道，进之不以其诚，天下颓靡。"（《读通鉴论》卷十一）奖赏时不遵循正确的原则，任用人不分辨忠诚正派与否，那天下的人就会萎靡不振，没有上进心。因此，赏罚也同样不能以个人的好恶为标准，而要遵循客观的标准。"从政者审慎赏罚，勿任爱憎。"（《读通鉴论》卷十四）从政的官员要审慎地进行赏罚，不能听凭个人感情上的爱憎来决定。

　　了解了自古而来的赏罚思想以后，我们必须要注意，赏罚只是一种促进善行、维护社会秩序的一种手段。对于儒家来说，赏罚是为了教化民众的需要而设置的，惩戒也只是一种限制约束恶行的手段。因此，教化应当先于惩戒，只有在不得已的情况下才能使用惩戒。孔子说："不教而杀谓之虐，不戒视成谓之暴，慢令致期谓之贼。"（《论语·尧曰》）这就是说，不事先进行教育便加杀戮，叫作"虐"；不事先告诫而要求立即成功，叫作暴；下达可以缓慢执行的命令却又要求限期完成，叫作"贼"。荀子也说：

　　赏庆刑罚势诈不足以尽人之力，致人之死。（《荀子·议兵》）
　　故厚德音以先之，明礼义以道之，致忠信以爱之，尚贤使能以次之，爵服庆赏以申重之，时其事、轻其任以调齐之，……养长之。（《荀子·王霸》）

这就是说，奖赏、刑罚、威势、欺诈不能够使人们贡献出一切力量，牺牲自己的生命。所以，必须重视用道德声望来影响人们，明确礼义制度来引导人们，尽力做到忠实诚信来爱护人们，尊尚贤人任用能人来使人们有次序，用等级地位和奖励来鼓励人们。因此，教育和引导要比刑罚更能促进人的向善。

五、变革思想

变革思想一直是古代思想家关注的一个重要问题。自古而来的经典中，就有许多对于变革思想的阐述和讨论。

《易·系辞下》中说："穷则变，变则通，通则久。"事物发展到极点，就要发生变化；发生变化，就能使事物的发展得以通达；事物发展通达才能保持长久。这就是说，变乃是事物发展的常理。只有通过变化，才能使事物具有活力，从而能够长久存在。

《管子·揆度》中也说："治权则势重，治道则事赢。"治理国家讲求通权达变则力量强盛，讲求遵循常道则国家力量衰弱。"抟国不在敦古，理世不在善攻，霸王不在成曲。"（《管子·霸言》）掌握国家不在于因循古道，治世不在于精通旧事，成王成霸不在于沿袭过去的典章制度。

既然治国之道不在于因循古道，那就应当随着时代和社会的发展而不断变化。"不慕古，不留今，与时变，与俗化。"（《管子·正世》）不迷信古代，也不拘泥于今天，随着时代的发展和民情的变化而变化。

《战国策》中说："以书为御者，不尽于马之情；以古制今者，不达于事之变。故循法之功，不足从高世；法古之学，不足以制今。"（《战国策·赵策二》）靠书本来驾驭车马的人，不能完全掌握马的性情；靠古代的办法治理现时的人，不通晓世事的变化。所以，沿袭古代制度所建立的功业，不能够高于世人；效法古代的学说，不能够治理现时。"古今不同俗，何古之法？帝王不相袭，何礼之循？"（《战国策·赵策二》）古代与现时习俗不同，怎么效法古代？

历代帝王治国之道不相沿袭，有什么制度可以因循？

因此，对于治理国家来说，制度一定要随着时代的变迁和民情的变化而逐渐改变，不能一成不变。"苟可以利其民，不一其用；果可以便其事，不同其礼。"(《战国策·赵策二》)如果可以有利于人民，一种事物不一定非得局限于某种用途；如确实对于事业有好处，在礼义制度上也不一定非得相同。"势与俗化，而礼与变俱，圣人之道也。"(《战国策·赵策二》)时势是与世俗民情一起演化的，而礼仪制度是与时代共同变化的。这是英明君主的治国之道，强调顺应时代要求而改革国家制度。"知学之人，能与闻迁；达于礼之变，能与时化。故为己者不待人，制今者不法古。"(《战国策·赵策二》)懂得学问的人，能与知识一起提高；一般礼义制度的变更，能与时代一起进化。所以应该自己做的事不要等待别人，治理现时国家的人不一定非得效法古代的制度。

变革必然会触动某些人的利益，因而必然会遭遇到阻挠，在这个过程中，变革者一定要坚持下去，不能改变初衷。"常民溺于习俗，学者沉于所闻。此两者，所以成官而顺政也，非所以观远而论始也。"(《战国策·赵策二》)平常百姓总是沉湎于旧的习俗，而学究总是沉迷于他所了解的东西。这两种人，对于成就官府的事务，顺应国家的政策是可以的，但是高瞻远瞩，讨论大事，他们就不行了。"制于服之民，不足与论心；拘于俗之众，不足与致意。"(《战国策·赵策二》)被旧习惯束缚的平常人，不足以同他们谈论思想；被旧习俗所限制的民众，不足以把用意告诉给他们。

《孟子·告子下》中说："由今之道，无变今之俗，虽与之天下，不能一朝居也。"只因循已有的现成道路，不改变现时的旧规成俗，即使把整个天下交给他，也是不能保持一个早晨的。

《礼记》中也说："生乎今之世，反古之道；如此者，灾及其身者也。"(《礼记·中庸》)生活在当今的时代，却偏要恢复古代的法令制度，像这样的人，灾祸一定要降到他的身上。

法家商鞅主张变革思想尤为甚。他说：

今世主皆欲治民，而助之以乱，非乐以为乱出，安其故而不窥于时也。是上法古而得其塞，下修今而不时移，而不明世俗之变，不察治民之情。（《商君书·壹言》）

当今的国君都想治理好民众，但却常常助长民众作乱，这并不是国君有意把事情搞乱，而是由于他们拘守旧的治国方法，不去观察时代的需要。他们上而效法古代，往往行不通；下而拘守现状，赶不上时代的需要，不了解世俗的变化，不考察统治人民的实际情况。"圣人不法古，不修今。法古则后于时，修今则塞于势。"（《商君书·开塞》）圣人既不效法古代，也不拘守现状。效法古代就要落后于时代；拘守现状，就会跟不上形势的发展。"汤、武之王也，不循古而兴；殷、夏之灭也，不易礼而亡。然则反古者未可必非，循礼者未足多是也。"（《商君书·更法》）商汤王、周武王统一天下，是因为不拘守古法而兴盛；殷纣、夏桀的覆灭，正是由于他们不改变旧的礼制而亡国。这样看来，推翻古法的人不应该受到指责，遵循旧礼制的人不值得肯定。"治世不一道，便国不必法古。"（《商君书·更法》）治理国家并非只能用一种方法，只要有利于国家，就不必效法古人。

治理国家既然不能效法古人，那就应当随着社会和时代的发展而不断发展。"治宜于时而行之，则不干。"（《商君书·壹言》）治国适应时代的需要而进行，就不会遇到抵触。

同时，变革必然会触动既得利益者，因而会遭遇抵制。这样就要求变革者坚定心志，努力将变革推行下去。"有高人之行者，固见负于世；有独知之虑者，必见訾于民。"（《商君书·更法》）高出常人的行动,本来要被世人所反对;独具远见的策略,必然会被人们所嘲笑。因此,变革者不能因为有反对的声音就中止变革,不能为保守者所牵绊。

三代不同礼而王,五霸不同法而霸。故知者作法,而愚者制焉;贤者更礼,而不肖者拘焉。拘礼之人不足与言事,制法之人不足与论变。(《商君书·更法》)

夏、商、周三代礼制各不相同,但都能成就了王业;春秋五霸的法度也各不相同,但都能成就了霸业。所以,智慧的人创造新法,而愚笨的人只能受旧法的约束;贤能的人改革礼制,而不贤的人只能受旧礼制的束缚。我们不能和那些受旧礼制束缚的人商讨大事,不能和那些受旧法制约束的人议论变法。"愚者暗于成事,知者见于未萌。民不可与虑始,而可与乐成。"(《商君书·更法》)愚昧的人在事情已经做成之后还看不明白,而聪明的人在事情萌芽之前就能够发现苗头。不能和一般的民众去探讨创新的大事,只能在事成之后和他们欢庆成功。

法家韩非子也说:"不期修古,不法常可。"(《韩非子·五蠹》)不能寄希望于遵循古制,不能一成不变地效法常规。"法与时转则治,治与世宜则有功。"(《韩非子·心度》)法令顺应时代的变迁,国家就会治理得好,治理国家的措施与现实情况相适宜,就会见功效。"世异则事异,……事异则备变。"(《韩非子·五蠹》)世道不同那么政事也就不同,政事不同那么措施就要改变。

《吕氏春秋·察今》中说:"治国无法则乱,守法而弗变则悖,悖乱不可以持国。"治国没有法度就会出现混乱,死守法度不加改变就会发生谬误,混乱和谬误是不能保持住国家的。"上胡不法先王之法?非不贤也,为其不可得而法。"(《吕氏春秋·察今》)当今的君主为什么不效法古代帝王的法度？并不是古代帝王的法度不好，是因为它不适用于今天，因此不可能被效法。"凡先王之法，有要于时也。时不与法俱至，法虽今而至，犹若不可法。故择先王之成法，而法其所以为法。"（《吕氏春秋·察今》）凡是古代帝王的法度，都是与当时的时势相符合的。时势不能与法度一起流传下来，法度虽然流传到现在，还是不可以效法。所以要放弃古代帝王的现成法度，而取法他们制定法度的依据。

旧有的法度不足取，那就要以当前时代的状况和情势来采用正确的法度。"凡举事必循法以动，变法者因时而化，若此论则无过务矣。"（《吕氏春秋·察今》）凡是做事情一定要依照法度去行动，变法的人要随着时代而变化，如果懂得这个道理，那就没有错误的事了。"有天下七十一圣，其法皆不同。非务相反也，时势异也。"《吕氏春秋·察今》古代据有天下的七十一家君主，他们的法度都各不相同。不是他们有意要彼此相反，而是因为时代和形势不同。

汉代贾谊说："相时而立仪，度务而制事，以驯其时也。"（《新书·立后义》）审察时势来制定礼仪制度，衡量时务而创造事业，以顺应所处的时代。

《淮南子》中说："事穷而更为，法弊而改制，非乐变古易常也。"（《淮南子·泰族训》）事情走投无路陷入困境时，就要改变做法；法度衰败就要改变制度，这不是谁喜欢变革古制和常规，而是因为变化乃是常理。该书还提到："内有一定之操，而外能诎伸赢缩卷舒，与物推移，故万举而不陷。"（《淮南子·人间训》）这是说，内有一定的思想品质，外部表现能屈能伸，能进能退，与客观事物一起变迁转易，所以举动再多也不会失败。"今世之法籍与时变，礼义与俗易。为学者循先袭业，据籍守旧教，以为非此不治，是犹持方柄而周圆凿也。"（《淮南子·汜论训》）现时的法典是与时代一起变化的，礼义制度也是随现时的民情风俗而变更的。一些学习古代制度的人，遵循祖先的传统，承袭前人的基业，依据古代法典，固守旧的制度，以为不这样国家就不能治理，这就如同拿着方形的榫头往圆形的榫眼里放一样可笑。"苟利于民，不必法古；苟周于事，不必循旧。"（《淮南子·氾论训》）如果有利于人民，就不必效法古代；如果适合于当代事业，就不必遵循旧的制度。"先王之制，不宜则废之；末世之事，善则著之。"（《淮南子·氾论训》）对于先王的制度，不合适就应该废弃它；对于朝代末期的事情，好的也可以记载下来。因此，制度不是一成不变的，应该随着时代的发展而不断变化。"世异则事变，时移则俗易。故圣人论世而立法，随时而举事。"（《淮南子·齐俗训》）世道不同了，事物就发生了变化；时代发展了，风俗也随之变易。所以圣明君主总是研究当世的情况来定立法律，随着时代的发展而举办事业。"不法其已成之法，而法其所以为法。所以为法者，与化推移者也。"（《淮南子·齐俗训》）不效法过去已经形成的法律，而效法他们之所以那样立法的根据。他们之所以那样立法，是出于与时代的变化相一致。"法与时变，礼与俗化，衣服器械各便其用，法度制令，各因其宜。"（《淮南子·氾论训》）法律要与时代一起发展变更，礼仪要与民情风俗一起演进变化，衣服器械各随其方便而用，法令制度各依照适宜的情况而行。"知法治所由生，则应时而变；不知法治之源，虽循古终乱。"（《淮南子·氾论训》）懂得法治是如何产生的，就会顺应时代发展而变更法律；不知道法治的根源的，即使能很好地遵循古法，最后必然导致混乱。

变革者必然会遭到保守者的反对和抵制，但变革者不能囿于保守之见而放弃变革。"制法之民，不可与远举；拘礼之人，不可使应变。"（《淮南子·氾论》）因循于旧的章法的百姓，不能与他们一起开创目标远大的事业；拘泥于陈腐礼教的人，不能让他去处理变化了的情况。"其见不远者，不可与语大；其志不闳者，不可与论至。"（《淮南子·齐俗训》）对于那种见解不深远的人，不能同他谈论大事业；对于那种志向不宏大的人，不能同他谈论最高的学问。"井鱼不可与语大，拘于隘也；夏虫不可与语寒，笃于时也；曲士不可与语至道，拘于俗、束于教也。"(《淮南子·原道训》)不能与井里的鱼谈论大海，因为它们被狭小的环境所局限；不能与夏天的虫子谈论寒冬，因为它们受季节的限制；不能同思想不全面的人谈论最深刻的道理，因为他们被世俗偏见所限制，被陈腐的礼教所束缚。

《史记·李斯列传》中提到："圣人迁徙无常，就变而从时，见末而知本，观指而睹归；物固有之，安得常法哉！"这就是说，圣人处事灵活，没有僵化不变的教条，他能够抓住局势变化的关键，顺应时代潮流；看到事物的末梢，就知道它的根本；观察事物的趋向，就知道它的结局；事物本来就有变化的属性，怎么能固执永恒不变的准则呢？《史记·赵世家》中也写道："有高世之功者，负遗俗之累；有独智之虑者，任骜民之怨。"要创立高出世人的功业，就要顶得住旧的风俗的谴责；有独到见解的深谋远虑之士，必然为桀骜不驯的百姓所不理解和怨恨。

唐代魏徵说：

作有利于时，制有便于物者，可为也。事有乖于数，法有玩于时者，可改也。故行于古有其迹，用于今无其功者，不可不变。变而不如前，易而多所败者，亦不可不复也。(《群书治要》卷四十五)

所开创的东西有利于时代发展，所制造的东西有便于人民大众的，就可以去做。事情有违背客观规律，法律有不合现时的，就可以改变它。所以，凡是古代实行过而且有事迹记载，但用于今天却没有功效的，不可以不变革。有的经过变革却不如从前，改了又多次失败的,也不可以不恢复过来。

宋代王安石说:"今之人諰諰然求合于其迹,而不知权时之变。是则所同者古人之迹,而所异者其实也。"(《王文公文集·非礼之礼》)今天的人诚惶诚恐地想使现时制度吻合于古代的轨道,但不懂得衡量时代情况的变化,所以表面看起来是相同的,合乎古人的轨道了,但它的实质内容已和古代根本不同了。"太古之道果可行之万世,圣人恶用制作于其间?"(《太古》)太古社会制度的原则果真能够实行于千秋万代的话,哪里还用得上以后的政治家思想家操劳,制定那个时代的各种制度呢?

王安石也认为变革者必然会遭到攻击,但不足为惧。"天变不足畏,祖宗不足法,人言不足恤。"(《宋史·王安石传》)天象变异不足以使人害怕,祖先的陈旧制度不足以使今人效法,攻击变法的言论不足以使人担忧。

《资治通鉴·汉纪九》中说:"琴瑟不调,甚者必解而更张之,乃可鼓也;为政而不行,甚者必变而更化之,乃可理也。"琴瑟的声音如果失常,实在不行就必须把旧弦解下来,重新张设,才能继续弹;治政措施如果无法推行,最后就必须实行变革,进行一番改正和变化才能进行治理。"大策非凡所见,事必不从。"(《资治通鉴·汉纪二十一》)对于那种远大的策略,不是平庸的官员所能认识到的。若是同他们商量,肯定不会同意。

清代魏源说:"执古以绳今,是为诬今;执今以律古,是为诬古。"(《默觚下·治篇五》)用古代的标准来衡量今天,这是歪曲今天;拿今天的标准去苛求古代,这是歪曲古代,这说明时代和条件变化了,既不能以今律古,也不能以古绳今。

清代王夫之说:"为政之患,闻古人之效而悦之,不察其精意,不揆其时会,欲姑试之而不合。"(《读通鉴论》卷三)从事政事的祸害,是听说古人在某一方面有成效而立即感兴趣。不考察古人做法的精神和意思，不揣度其当时的时机和条件，就盲目地进行实践，与当今实际情况不符合。"无定法者，一兴一废一繁一简之闭，因乎时而不可执也。"（《读通鉴论》卷六）所谓没有固定的法律，是说具体法律的设立和废止、繁苛和宽简，都必须根据时代的情况来掌握而不能一成不变。"事固有因时因地而各宜，不能守一说从为独得者。"（《读通鉴论》卷十九）事情当然各有因时而宜、因地而宜的，不能固守一种说法，以为它就是唯一正确的。

　　清代康有为《上清帝第六书》中说："物新则壮，旧则老；新则鲜，旧则腐；新则活，旧则板；新则通，旧则滞。物之理也。"这就是说，事物新生时强壮，陈旧时就衰老；新生时鲜洁，陈旧时就腐朽；新生时就活跃，陈旧时就死板；新生时通畅，陈旧时就凝滞。这是事物的共同规律。作者用新陈代谢规律，说明不断改革是事物发展的必然要求。

六、修身与治国

"修身"之意为修养自身,调伏内心,进而由内而外,使自己的道德理想在现实中付诸实践,从而实现治国平天下的理想。那么,对于儒家来说,修身究竟意味着什么呢?究其根本,修养身心的根本原因就是因为人的欲望的存在。每个人都有自己的欲望,如果不知道限制和约束自己的欲望,就会造成欲望的泛滥和秩序的失衡。因而,欲望与道德的关系一直是先秦儒家哲学的一个中心议题。无论是孔子、孟子还是荀子,他们都主张要克服欲望的羁绊,塑造道德的人格。在儒家哲学中,欲望是与"性""心"紧密联系的一个概念。因而,要探讨如何克服欲望,就必须要深入分析"性""心"及其与欲望的关联。同时,"义"也是一个重要的儒家道德心理学概念,它与克服欲望的过程息息相关。

(一)"天"与"性"

在日常生活中,我们经常会说到"天性"这个词,比如"一个人的天性如何如何"。在这个词里有两个组成元素,即"天"与"性"。在中国哲学中,"天"与"性"是紧密相连的两个概念,而这种在哲学意义上的紧密联系正是它在日常生活词汇中出现的根源。

"性"可以被追溯到古代"生"字的用法,而"生"这个字恰好构成了"性"字的右边部分。这样,从字形学的角度看,二者有着密切的关系。徐灏曾解释过"性"字的起源及"性"与"生"的关系：

> 生，古性字，书传往往互用。《周礼》大司徒"辨五土之物生"，杜子春读为性。《左氏》昭八年传："民力雕尽，怨讟并作，莫保其性。"言莫保其生也。（《说文解字注笺·生部》）

在这个意义上说，"性"与"生"是可以互换的。"生"往往意味着人类生命的成长和延续，标示着人类成长的历程，但是也可以用来表示人类或物的本性；而"性"往往意味着人类或物的本性，但同时也可以用来表示人类的生命历程。傅斯年在《性命古训辨证》中说：

> 生字乃金文及先秦经籍中所普用之字，虽有时借眚为之（如"既眚魄"），然后代"百姓"之姓，"性命"之性，在先秦古文皆作生，不从女，不从心。即今存各先秦文籍中，所有之性字皆后人改写，在原本必皆作生字，此可确定者也。[1]

尽管孔子很少提及"性"的问题，更没有提到过"天"与"性"的关系，孟子则详细考察了"天"与"性"的关系。孟子认为"天"是道德的"天"，因而它能赋予人类以道德萌芽（见《孟子·公孙丑上》），而这一道德萌芽是使人类区别于其他动物的唯一特征。孟子宣称，只要一个人能够扩展自己心中的"四端"成为成熟的道德品质并且能够在日常的生活中加以实践和遵循，他就能够知"性"、知"天"。（见《孟子·尽心上》）这样，在孟子眼中，"心"即"性"，

---

[1] 傅斯年：《性命古训辨证》，载刘梦溪主编：《中国现代学术经典——傅斯年卷》，河北教育出版社，1996年版，第65页。

"性"即"天"。从中我们就能看出孟子关于道德"天"的观点如何影响了他关于"性"的观点：既然"天"是能够赋予人类道德萌芽的道德"天"，而人性也恰恰体现在这些道德萌芽之中，那么道德"天"就直接产生了道德的人性（也就是心中的道德萌芽）。但是"性"是否真的只是指人类所拥有的道德萌芽呢？孟子对这个问题的回答似乎也并不十分一致。在《孟子·尽心下》的第二十四节中，孟子似乎承认感官欲望也是人类的"性"。"口之于味也，目之于色也，耳之于声也，鼻之于臭也，四肢之于安佚也，性也……"（《孟子·尽心下》）

那么，"性"为什么能够包括感官欲望呢？这其实也可以追溯到孟子关于"天"的观点。从上面的讨论中我们知道，在孟子看来，"天"是道德的。但是孟子同时也认为"天"是万事万物的创始者。"且天之生物也，使之一本。"（《孟子·滕文公上》）

孟子认为天是万事万物的起源和根本。在《孟子》一书中，还有一些孟子自己引述的篇章来支持他的观点，这些篇章也反映了他对于天的观点。比如在一篇有关伊尹的篇章中，孟子引述了伊尹的话："天之生此民也，使先知觉后知，使先觉觉后觉也。"（《孟子·万章上》）孟子似乎同意伊尹关于天生万民的观点。与这一篇非常类似的是孟子转引自《诗经》的一段话："天生蒸民，有物有则。"（《孟子·告子上》）从上面的篇章中，我们可以看出孟子认为天是万事万物包括人的起源。在这里，天的含义和"自然"很接近。孟子还说"天油然作云，沛然下雨，则苗浡然兴之矣"（《孟子·梁惠王上》），以及"天之高也，星辰之远也……"（《孟子·离娄下》）

在这个意义上，"天"与"自然"的含义很接近。既然"天"也是自然，那么由它所派生的"性"自然就包含了感官欲望。因此，在孟子看来，"性"同时包含了感官欲望和道德萌芽。那么，这个观点是不是孟子关于"性"的最终观点呢？让我们再读一下《孟子·尽心下》第二十四节中的一段话：

> 口之于味也，目之于色也，耳之于声也，鼻之于臭也，四肢之于安佚也，性也，有命焉，君子不谓性也。仁之于父子也，义之于君臣也，礼之于宾主也，知之于贤者也，圣人之于天道也，命也，有性焉，君子不谓命也。（《孟子·尽心下》）

在孟子看来，我们是否能够实现仁、义等的道德理想是由我们的"命"决定的，而"命"是无法预先得知的。既然我们不知道扩展自己的道德萌芽是否会受到外力的干扰，我们就应该把实现道德理想的可能性归之于不可知的"命"。然而，尽管我们不能得知道德修养的最后结果，我们在日常生活中却总有做好事的道德倾向。这种自愿的道德倾向就出于我们的"性"，不管我们是君子还是小人。在孟子看来，人性固有做好事的道德倾向，比如说对落井之童的同情，也有相同的感官欲望，比如说对味道的追求。这正如孔子所言，"富与贵是人之所欲也……贫与贱是人之所恶也……"（《论语·里仁》）因此，在孟子看来，君子与小人的分别在于他们如何对待心中的感官欲望与道德倾向。

小人有可能放弃坚持心中的道德倾向。他更愿意顺从自己的感官欲望，顺从感官欲望是非常轻松的，尽管能否满足这些欲望也是未知的，所以叫"命"，但当面对感官欲望与道德使命，小人宁愿选择追寻感官上的满足，因为实现道德理想会更加艰难。然而，君子会有与此完全不同的态度。他会认为满足感官欲望纯粹是一种随机的事情，是由"命"来决定的。因而他会放弃追寻感官欲望的满足并坚持君子的道德理想。这正如孔子所言："富而可求也，虽执鞭之士，吾亦为之。如不可求，从吾所好。"（《论语·述而》）

事实上，对一个君子来说，即便实现道德理想是非常困难的

(因为是由"命"来决定的),他也会自觉坚持道德原则,因为他所走的每一步都是在实现道德理想道路上的积累。一旦他愿意学习,他将会在实现道德理想的道路上取得积极的成果,即便最后他没有实现最高的道德理想。面对感官欲望和道德理想,君子会选择道德理想作为他主要的目标。在孟子看来,君子应该集中精力于扩展自己心中固有的道德萌芽而不是追求满足感官欲望。因为感官很容易被外物所误导,不能依靠它来引导我们成为君子。

这样,对孟子来说,虽然"性"同时包含了感官欲望和道德萌芽,但它更少指涉感官所带来的感官欲望,因为这些欲望无法引导我们成为一个君子。相反,"性"更多地是指人们心中固有的道德萌芽,它们的存在和自然生长显示了如何培养一个人成为君子的历程。因此,"性"在孟子的语境中更多是指人类心中存在的四种道德萌芽,也就是"四端"。在这个意义上,"性"就是善的。这样,我们可以看出来,虽然在孟子眼中,"性"同时包含了感官欲望和道德萌芽,但孟子似乎刻意回避了感官欲望这一倾向,而只将重点放在了道德萌芽上。

与孟子类似,荀子也同样认为"性"是人类与生俱来的特质。他说:"生之所以然者谓之性;性之和所生,精合感应,不事而自然谓之性。"(《荀子·正名》)这样,"性"就是人类所生而具有的本性。它本身没有人为的因素。在荀子看来,"性"是被"天"赋予的。"性者,天之就也。"(《荀子·正名》)但在"性"到底是由什么构成的这一问题上,荀子持有与孟子不同的观点。荀子认为"性"是由各种不同的"情"构成的。"性之好、恶、喜、怒、哀、乐谓之情。"(《荀子·正名》)

"情"在《荀子》中是一个非常宽泛的概念,它除了包含情感以外,还包含了各种各样的人类特性。比方说,人类的欲望。荀子说:"不富无以养民情,不教无以理民性。"(《荀子·大略》)"今人

之性,饥而欲饱,寒而欲暖,劳而欲休,此人之情性也。"(《荀子·性恶》)

从这些段落中,我们不难看出,"情"不只包括人类的情感,还有人类的生物本性。人类对食物、衣物等的欲望就是人类生物本性的一部分。当人们感到饥饿时,就会去寻找食物;当他们感到寒冷时,就会去寻找衣物去御寒——这些都是人类的生物本性。在荀子看来,人的所有这些情感和生物本性都属于人性的范畴。这样,由情感和生物本性构成的人性似乎并没有什么善恶属性,它们都是人们要生存下去所必须具备的条件。

然而,荀子认为,一个人如果过分沉溺于感官享乐和欲望之中不能自拔,他就是一个禽兽而不是人了。(见《荀子·劝学》)荀子坚信个人应当控制自己的欲望,不要过分享乐。但是,如果我们生来固有的"性"都是由"天"赋予的,为什么我们还要约束享乐和欲望呢?既然"性"是由"天"赋予的,那我们似乎就应当顺从我们的本性来生存,就像自然界的其他生物一样。然而,动物顺从自己天性的结果就是你死我活的争斗和弱肉强食。在这种情况下,如果人类像其他动物那样只是遵循他们的本性,人类就会陷入争夺食物、权力等的争斗与战争之中,而人类社会也就会因此陷入混乱。因此,人类如果想要避免混乱和争斗,就不应该沉溺于他们的本性之中,相反,他们应该用圣人创造的道德规则来培养自己的"性"。在这个意义上,荀子认为人性恶。荀子主张的人性恶说并不是说人性本身是恶的,恶只是顺从、沉溺本性的结果。人性恶是仅仅从结果的意义上来阐述的,并不是什么本质意义上的恶。荀子说:

故必将有师法之化,礼义之道,然后出于辞让,合于文理,而归于治。用此观之,然则人之性恶明矣,其善者伪也。(《荀子·性恶》)

我们可以看出，荀子在这里并没有笼统地定义人性为恶，而是用"用此观之"这个限定语来界定人性恶这个结论成立的前提。这个前提就是，没有施加礼义约束的人性必然会作恶。

在这里，我们可以发现荀子和孟子在人性观上的不同：荀子认为的人性恶并不是从本质意义上来探讨人性，认为人性内在就是恶或者人性的本质就是恶。实际上，荀子认为人本性本身并无善恶之分，之所以我们称之为恶，只是因为如果人们放纵自己性中的情感和欲望，就会造成灾难性的后果。只是在这个意义上，我们认为人性是恶的。

（二）"心"与"气"

在确立了人性善恶的理论前提之后，儒家更关注的是如何在欲望的面前保持内心道德感的滋长和如何用其他方式来克服欲望。无论是孟子式的君子主动自觉地选择"性"中的道德倾向，还是荀子式的君子用外在的礼仪制度来克服"性"中的欲望，他们的目的都是在寻找一种方式来培养人们心中的道德君子。为了更加细微地探讨这种内在道德培养的过程，就必须要引入另外一个概念——"心"。

在先秦儒家哲学中，孔子对"心"的讨论甚少，后代的儒者必须要发展"心"这一范畴，才能建立完备的儒家道德心理学。儒家哲学开始对"心"这一范畴加以重视，是从孟子开始的。在孟子看来，仁义礼智的道德萌芽都属于心。孟子说：

恻隐之心，仁之端也；羞恶之心，义之端也；辞让之心，礼之端也；是非之心，智之端也。人之有是四端，也犹其有四体也。(《孟子·公孙丑下》)

在《孟子·告子上》中，孟子强调了心的功能在于"思"，而"思"是为了发展心中的道德萌芽。那么，除了这些道德萌芽以外，心中还有没有其他的东西呢？孟子在一篇著名的段落中说道："生亦我所欲也，义亦我所欲也；二者不可得兼，舍生而取义者也。"（《孟子·告子上》）在孟子看来，除了义以外，生命也是一个人所渴望拥有的。这样，似乎不仅"义"存在于心之中，而且渴望生命的欲望也同样存在于心中。孟子又说：

好色，人之所欲，妻帝之二女，而不足以解忧；富，人之所欲，富有天下，而不足以解忧；贵，人之所欲，贵为天子，而不足以解忧。（《孟子·万章上》）

在孟子看来，尽管人们必然拥有物质欲望，那些欲望也不能被认为是和道德欲望同等重要的。面对生命和"义"的选择，孟子认为我们应当选择"义"而不是生命。孟子说：

欲贵者，人之同心也。人人有贵于己者，弗思耳。人之所贵者，非良贵也。赵孟之所贵，赵孟能贱之。……言饱乎仁义也，所以不愿人之膏粱之味也；令闻广誉施于身，所以不愿人之文绣也。（《孟子·告子上》）

尽管被提升和吃精美的食物是每个人的愿望，但也有比这些欲望更加重要的东西，那就是道德，比如仁和义。与物质欲望相比较，道德应当被放置在一个更加优先的位置上。

这样，一个人应当如何克服物质欲望的干扰，发展内心的道德萌芽呢？孟子认为，如果一个人想要排除物质欲望的干扰，他就必须要认识到心中的道德萌芽是"大体"，物质欲望是"小体"（见《孟子·告子上》)。换句话说,我们应当认为物质欲望是不重要的,它们应当被道德原则转化。孟子说:"先立乎其大者,则其小者弗能夺也。"(《孟子·告子上》)孟子还强调要"寡欲"。"养心莫善于寡欲。其为人也寡欲,虽有不存焉者,寡矣;其为人也多欲,虽有存焉者,寡矣。"(《孟子·尽心下》)因此,在孟子看来,养心意味着一个人应当减少欲望。只有用这种方式,心中的道德萌芽才能被滋养和生长发展,一个人才能被塑造成为君子。

与孔子比较,孟子更加清楚地定义了心的功能并解释了我们怎样才能使心摆脱欲望的干扰。然而,孟子的解释是相当不充分的。孟子使心对物质欲望保持免疫力的途径在于减少物质欲望。然而这种途径在实际应用中是相当有问题的。正如戴维·索尔斯(David E. Soles)观察到的:

这种基于美德的伦理理论(指孟子的人性学说),……需要对如下这一论断提出理由,即为什么那些受青睐的个性特征要比另一些特征更加优越。比如,为什么青睐那些仁、义、礼、智而不是罪行、玩忽职守、愚蠢和无礼呢?[1]

尽管孟子也许会辩解说,道德萌芽是"大体",也就是更重要的部分,而这就是我们为什么应当青睐它们甚于物质欲望的原因,但我们还是很难期望普通人意识到这一事实。一个人可能会认为"智"的道德萌芽,也就是"是非之心",能够为发展道德提供一种理由,而不是去寻求物质欲望的满足。然而,这种论断也许忽略了这样一个事实,即"是非之心"本身也只是处于道德的萌芽阶段,

---

[1] David E. Soles, "The Nature and Grounds of Xunzi's Disagreement with Mencius", *Asian Philosophy*, Vol. 9, no. 2, 1999, p. 26.

是很容易受到外部因素影响或改变的。在这种情况下,"智"的道德萌芽并不能为我们的道德选择提供坚实的基础。

孟子接着又提出了他的解决方案。在与他的学生公孙丑的对话中,回答了公孙丑提出的如何使心不被物质欲望干扰或搅扰的问题。孟子说:

> 夫志,气之帅也;气,体之充也。夫志至焉,气次焉。故曰:"持其志,无暴其气。"……志壹则动气,气壹则动志也,今夫蹶者趋者,是气也,而反动其心。……我善养吾浩然之气。(《孟子·公孙丑上》)

在这个段落中,孟子强调了培养"浩然之气"在使心保持平静中的重要性。"气"在中国哲学中可以被认为是一种生命的力量或充盈流动在身体之中给予人生命的能量。在这个意义上,"气"的运转影响了一个人的状态,包括他的情感、欲望和心。在孟子看来,我们需要培养身上的"气"来实现内心的平静。但我们怎样才能培养我们的"气"达到如此理想的状态呢?正如孟子在上面这段话中提到的,"志"在培养"气"的过程中起到了关键的作用。那么,什么是"志"呢?在一篇讨论中国哲学道德心理学的文章中,信广来(Kwong-loi Shun)先生指出:

> "志"可以指向具体的意向,人留在或离开某个地方的意向,或生命的一般目标,如通过学习成为圣人的目标。它是某种可以被建立、培育并被实现的东西;它也可能被某人自己或其他人的影响改变或动摇,并且它也可能由于不能充分地坚持或对其他事物的成

见而丧失。[1]

在孟子看来，一旦我们能够按照"志"来培养我们的"气"，心就会保持平静而不会为欲望和情感干扰，"不动心"才会实现。所以，"立志"对克服欲望来说至关重要。

尽管孟子提出了另外一种保持心不受欲望和情感干扰的路线，这一路线仍然是有问题的。事实上，"志"本身就是心的内容，它可能会受到心的其他部分（特别是欲望）的影响。另外，"志"本身也只是出于生长的初级阶段，没有进一步的培育和发展，它最终也会消亡。正如信广来指出的，它可能会被"改变"或"被其他人的影响动摇"，或者"可能由于不能充分地坚持或对其他事物的成见而丧失"。如果这种不稳定的"志"成为培养"气"的主帅，我们也就不奇怪为什么最终对"气"的培养会失败而心最终还是被欲望所干扰。

为了解决孟子的问题，荀子需要展示心如何能够保持平静，并且能够不被物质欲望干扰。荀子在他的文本中是这样说的：

心者，形之君也，而神明之主也，出令而无所受令。自禁也，自使也，自夺也，自取也，自行也，自止也。故口可劫而使墨云，形可劫而使诎申，心不可劫而使易意，是之则受，非之则辞。(《荀子·解蔽》)

这样，荀子将心定义为身体的"君"或"主"。心可以命令身体的运作，但它自身却不能被身体命令或指挥做任何它所不情愿做

---

[1] Kwong-loi Shun, "Moral Psychology", in A.S. Cua (ed.), *Encyclopedia of Chinese Philosophy*, New York: Routledge, 2003, p. 476.

的事情。然而，情感和欲望也存在于人身上，它们仍然可能影响心的状态，使之成为不道德状态，从而导致不道德的行为。荀子说："人生而有欲，欲而不得，则不能无求。求而无度量分界，则不能不争；争则乱，乱则穷。"（《荀子·礼论》）我们应当首先学会控制和调节自己的欲望。在这个方面，荀子强调了控制"气"的重要性。荀子说：

> 治气养心之术：血气刚强，则柔之以调和；知虑渐深，则一之以易良；勇胆猛戾，则辅之以道顺。……凡治气养心之术，莫径由礼，莫要得师，莫神一好。夫是之谓治气养心之术也。（《荀子·修身》）

与孟子类似，荀子也将心连接到气。然而，他们在对气的态度上大相径庭：荀子强调"治气"，孟子强调"养气"。另外，荀子强调指导"治气"的原则是外部的"礼"，而不是内在的"志"。"志"这种内在的志向或意向容易受到同样内在的欲望和情感的干扰。由于礼是外部的规则和规范，它本身是稳定的并且牢固地确立在社会风俗之中，所以它独立于人心之外，不容易受到影响和动摇。这样，礼要比"志"更加有资格成为"治气"的措施。这样，在调节情感和欲望方面，荀子"治气"的方法似乎要更加现实。

对荀子来说，"寡欲"并不是道德修养的有效方式。荀子说："凡语治而待去欲者，无以道欲而困于有欲者也。凡语治而待寡欲者，无以节欲而困于多欲者也。"（《荀子·正名》）很明显，荀子不同意孟子"寡欲"的说法。那么，如果我们不能减少我们的欲望，我们又怎样使心能够抵抗欲望的诱惑呢？如前所述，我们需要按照礼来控制我们的"气"。在这个意义上，我们应当遵循礼从而克服欲望的干扰。事实上，对荀子来说，不只是礼，而且儒家的各种道德观念，仁、义、忠、信等，甚至"法"都能被用来克服物质欲望。所有这些儒家的价值观和从其他学派那里吸收来的教义组成了儒家之道，也就是统治世界和人类行为的原则（荀子称之为"理"）。对荀子来说，只有人类按照这样的原则来行动，他们才能克服物质欲望并将它们转化成为道德的力量。荀子说：

> 心之所可中理，则欲虽多，奚伤于治？欲不及而动过之，心使之也。心之所可失理，则欲虽寡，奚止于乱？故治乱在于心之所可，亡于情之所欲。(《荀子·正名》)

在这里，"理"似乎是儒家之道在心中的内在化。既然"理"是外在确立的儒家之道的内在化，那么它就能有效地控制情感和欲望。对荀子来说，只有心被这样的"理"指导时，它才能成为道德的。正如柯雄文（A. S. Cua）所分析的：

> 在荀子，我们发现了"心"和"情"（激情／感觉）之间更为明确的划分。心有着不同于情的主要认知功能。当这种功能被"理"指导时，"心"就能为"情"的表达提供一种可靠的伦理指导。[1]

在荀子看来，心依附于什么样的道德对引导一个人做出正确的判断至关重要。如果心坚持儒家之道，那它就能做出一个适当的判断，即便欲望很多。与之相反，即便欲望非常少，如果心不能坚持儒家之道，那它就会被欲望影响，人们就不会做正确的事情。这样，

---

[1] A. S. Cua, "Xin and Moral Failure: Reflections on Mencius' Moral Psychology", *Dao: A Journal of Comparative Philosophy*, Vol. 1, no.1, winter 2001, p. 33, footnote 4.

通过儒家之道的指导，心才能不被欲望影响，欲望也才能被转化成为道德的力量。

（三）"义"与"欲"

我们知道了"心"需要得到"理"的指导才能成为克服和改造人性中欲望的力量，那么，"心"究竟是怎样克服和改造欲望的呢？这一关键性的过程需要加以更加细微的具有针对性的分析。

在荀子看来，欲望和情感并不能体现人的本质特征，实际上，在这一点上，人和其他动物之间并没有太大的不同。也就是说，决定人成其为人的绝不是欲望和情感。那这种人类的独特特征又会是什么呢？荀子说："人之所以为人者何已也？曰：以其有辨也。……夫禽兽为父子，而无父子之亲，有牝牡而无男女之别。故人道莫不有辨。"（《荀子·非相》）所以，在荀子看来，欲望和情感是人自然生成的东西，是所有人都具有的普遍特征。但真正决定人的特征的是人类具有"辨"的能力。这种"辨"就是一种区别各种社会关系与伦理关系的能力，也是一种描述社会等级差别的方式。荀子接着说："辨莫大于分，分莫大于礼。"（《荀子·非相》）这就是说，要用礼来指导"分"和"辨"。而荀子又提到"分何以能行？曰：以义。"（《荀子·王制》）这实际上就将礼和义联系在了一起。荀子认为，如果人类不能形成社会，也就是"群"，就不能自我生存；而即便形成社会，但却不能形成社会等级的划分，也就是"分"，社会也会陷入混乱。所以，"礼义"就是必须的。在这里，"礼义"的含义就等同于"义"，"义"也就具有了一种划分社会等级与差别的功能，从而使人类社会具有了秩序。

然而，即便人们拥有"义"以及由此形成的组织社会的能力，那也并不意味着他们就能阻止无节制的欲望破坏社会秩序。应当注意的是，荀子在这里所说的"义"绝不是孟子所主张的道德品质。事实上，对荀子来说，它只是心中需要等待道德品质来填充的一种能力。

"义"只是意味着人类能够意识到组织社会的重要性，但并不能保证人类就能遵循社会道德的规范。人类生而具有对食物、性、权力等的欲望，这些欲望如果不被控制，就会使人类社会陷入混乱和争斗之中。这些欲望并不会因为人类拥有"义"这种组织社会的能力而受到遏制。在这个意义上，人类还是缺乏培养人性和维护社会秩序的必要手段。这样，圣人在提供这种手段（即礼义原则）培养人性方面就发挥着绝对重要的作用。荀子说：

"义"与"利"者，人之所两有也。虽尧舜不能去民之欲利；然而能使其欲利不克其好义也。（《荀子·大略》）

人性中爱利的内在倾向和"义"都是人类所具有的。然而，大多数的人都不能使他们的"义"战胜恶的性，除非有一种外在的力量将"义"这一能力具体化。在这个意义上，圣人和由他所创造的"礼"就成为外在的指导力量，它能将"义"这一能力具体化并克服随时有可能放纵的欲望。荀子说："人生而有欲，欲而不得，则不能无求。求而无度量分界，则不能不争；争则乱，乱则穷。先王恶其乱也，故制礼义以分之。"（《荀子·礼论》）

对荀子来说，圣人和普通民众拥有同样的性和内在的能力——"义"。圣人之所以能够构建礼仪原则并将内在能力"义"转化为道德品质的能力就在于圣人能够积极地学习。圣人能够凌驾于普通人之上而创造礼义原则的原因就在于圣人能够在学习中做出自觉的努力并且用自己学到的东西来填充"义"这一能力,从而"义"能够被具体化为道德的具体实践并超越性中的欲望和情感。这一学习和把"义"具体化的过程实际上就是"伪"的过程。荀子说:"心虑而能为之动谓之伪;虑积焉,能习焉,而后成谓之伪。"(《荀子·正名》)

当"义"这种能力被圣人所学到的道德知识填充时,它就会变成能够培养欲望和情感的力量,而欲望和情感恰恰就在性中。应当注意的是,填充好的"义"并不会完全清除"性"中的欲望。实际上,它力图将这些欲望和情感转化成为可以控制的形式,从而使它们能够被更容易地满足而不是被压抑。荀子说:"孰知夫礼义文理之所以养情也!……故人一之于礼义,则两得之矣;一之于情性,则两丧之矣。"(《荀子·礼论》)

对荀子来说,欲望和情感是每个人都具有的,不能被全面否定。尽管欲望和情感通常都是混乱而非理性的,但他们也不能被完全地压抑。事实上,它们应当以一种适当的方式被满足。但是在此之前,它们应当首先被礼和法约束,或者更准确地说,是被礼法填充后的"义"所约束。"义"能够缓和一个人的欲望和情感并将它们限定在一个合理的范围内。只有用这种方式,欲望和情感才能在某种程度上被满足,而社会也才会变得有秩序。荀子说:

欲虽不可尽,可以近尽也。欲虽不可去,求可节也。所欲虽不可尽,求者犹近尽;欲虽不可去,所求不得,虑者欲节求也。(《荀子·正名》)

在荀子看来,包含着欲望和情感的人性正如一条奔腾不息的河流,它随时可能会泛滥。为了防止它可能对人们造成的伤害,人们就必须要在这条河流两边建筑堤坝。然而,当河流中的水不断上涨的时候，我们要怎样做才能防止洪水泛滥呢？建筑一条分洪闸或分流渠也许是个好主意，它们能够将水变成涓涓细流从而不会有如此强大的力量破坏堤坝，并且能将水引作灌溉用水，使人们受益。这种分洪闸或分流渠恰恰象征着儒家之道对欲望和情感的培养，那就是，用礼法填充好的"义"将奔腾不息的欲望和情感转化成为可以控制的形式，从而能够较容易满足并转作好的用途。堤坝则正如礼和法的规范性功能，它们能够在一开始给欲望和情感明确流动的方向并清楚指示我们应该做什么和不应该做什么。在这步之后，在"义"中获得的道德知识就必须承担转化欲望和情感的任务，使得欲望和情感既能在某种程度上得到满足，也能被逐渐转化为道德的协同力量。

"义"是人类内在具有的一种理性能力，它能够保证人类在理性的基础上形成社会群体。然而，这种内在的理性能力并不能使得人类就此就具有了控制自己行为，并主动走上道德之路的能力。事实上，人类如果没有外在制度的约束和管理，将很难自觉主动地趋向道德。在这个意义上，圣人及其所创制的"礼"就会成为"义"的实质内容，并通过影响"义"而对人类的行为产生决定性的影响。荀子说："义与利者，人之所两有也。虽尧舜不能去民之欲利；然而能使其欲利不克其好义也。"（《荀子·大略》）荀子认为，人同时具有了爱利和好义的倾向，但如何使得好义的倾向超过爱利的倾向，就必须要通过外在的力量将好义的倾向加以强化。这种外在的力量就是礼，它能将"义"这一理性能力加以充实并具体化，从而能够具有克制和改造人类欲望的能力。荀子说："人生而有欲，欲而不得，则不能无求。求而无度量分界，则不能不争；争则乱，乱则穷。先王恶其乱也，故制礼义以分之。"（《荀子·礼论》）但是为什么圣人能够提供这样一种手段而其他人则不能呢？是不是由于圣人拥有普通民众所缺乏的能力？荀子给出的答案是否定的。对荀来说，圣人和普通民众拥有同样的"性"和内在的理性能力"义"。圣人之所以能够构建礼仪原则并将内在的理性能力"义"转化为道德品质的能力就在于圣人能够积极地学习。荀子强调学习作为成就君子的必要方式，而这一学习的过程在人的一生中都不能停止。荀子尤其强调学习是一种需要人付出艰辛努力阅读经典及结交有识之士的过程。对荀子来说，学习是一种持续积累最终导向君子这一道德理想的过程。在这个意义上，圣人能够积极地在学习上花费他的时间和精力，运用他们学到的东西来转化人性。这样，圣人能够凌驾于普通人之上而创造礼义原则的原因就在于圣人有能够在学习中做出自觉的努力并且用自己学到的东西来填充"义"这一能力，从而"义"能够被具体化为道德的具体实践并超越性中的欲望和情感。这一学习和具体化"义"的过程实际上就是"伪"的过程，这一过程的特征就在于人类施加在人性上的自觉努力。荀子说："心虑而能为之动谓之伪；虑积焉，能习焉，而后成谓之伪。"（《荀子·正名》）这就是说，当圣人经过长时间的学习积累了一些思想，他就会将之应用于实践中，也就是用他所学到的东西（如礼和法）来填充"义"这一理性能力。然后，他的"性"就会被填充的"义"培养和克服。这一过程是一个漫长的旅程，其间包含了许多反复试错的环节。如果已获得的知识不能成功地培养人性，那它就应该根据进一步的学习和思考来加以修正。通过一系列的反复试错，最适合的知识也就是包含了礼、法、仁、义等的儒家之道才能够确立，人性也才能被培养成为道德的。我们也许会疑惑这种被填充好的"义"是怎样在这个过程中克服无拘的情感和欲望的。下面我将用更多的细节来解释这一进程。

对荀子来说，虽然欲望和情感通常都是混乱而非理性的，但这并不意味着它们就应当被完全清除。在现实中，在一定程度上满足欲望和情感要比完全地清除或压抑它们更为现实和具有可操作性。

第二章 治国思想的具体内容

荀子说：

> 故虽为守门，欲不可去，性之具也。虽为天子，欲不可尽。欲虽不可尽，可以近尽也。欲虽不可去，求可节也。所欲虽不可尽，求者犹近尽；欲虽不可去，所求不得，虑者欲节求也。道者，进则近尽，退则节求，天下莫之若也。（《荀子·正名》）

对荀子来说，通过与外在礼仪道德的结合，"义"能够将奔腾不息的欲望和情感转化成为可以控制的涓涓细流，从而使之容易得到满足并转而成为道德力量的源泉。礼和法的规范性功能能够在一开始给欲望和情感指明方向。之后，存在于"义"这一理性能力之中的道德知识就可以转化人内在的欲望和情感，从而使得它们既能在某种程度上得到满足，又处于可以控制的范围之内。

这样，我们就可以看出被道德和政治学习灌输填充后的"义"如何用一种内在的方式培养性中的欲望和情感。所有这些过程都可以被称作"伪"——这个词被荀子定义为人们施加于性之上的人为努力。对荀子来说，只有性和伪结合在一起，性才能被培养成为道德的。荀子说：

> 性者，本始材朴也；伪者，文理隆盛也。无性则伪之无所加，无伪则性不能自美。性伪合，然后圣人之名一，天下之功于是就也。故曰：天地合而万物生，阴阳接而变化起，性伪合而天下治。（《荀子·礼论》）

我们可以看到圣人是如何建立礼义原则的：它不是一夜之间的发明，实际上，它深深地扎根于经年累月积累的经验，而这些经验的积累需要很多的试错过程。在这些过程中，学习和思考的角色就显得比较突出了。正是因为圣人能够积极地从他人或经典之中学习并勤奋地思考如何将学到的东西付之于现实之中，他们才能最终建立起礼义原则。然而，为什么圣人能够积极地学习并思考，但普通民众就不能呢？这是因为圣人身上有什么特殊的东西来促使他去学习和思考吗？看起来好像是这样。圣人和普通人都拥有能够使自己成为圣人的能力，然而，圣人和普通人的区别就在于圣人对学习礼义原则和做善事的一厢情愿，而普通人则不愿意这样做。这就是荀子所说的，"故涂之人可以为禹，则然；涂之人能为禹，未必然也。虽不能为禹，无害可以为禹"（《荀子·性恶》）。这种能力就是乐意去努力学习的意愿。在荀子看来，所有人都拥有这种潜在的能力，不管他们是圣人还是普通人。圣人和普通人的区别在于圣人能够将这种潜能转化为现实，而普通人则不愿意或不能够这样做。

这样，圣人和普通人的区别似乎在于，圣人能够并且愿意在学习和思考中做出努力而普通人则不愿意这样去做。但是为什么圣人愿意去学习而普通人则不愿意呢？最主要的原因也许在于圣人能够首先意识到学习和思考能够为生活在这个世界的人们带来利益和满足，然而普通人则不能领悟到这个事实。所以，普通人需要被教导以意识到这个事实并变得愿意去学习。这种解释似乎遵循着荀子的这一论断，即人性在所有人中都是相同的，而另一方面，它也与荀子的这一论断相一致，即礼义原则起源于圣人的自觉努力，但这一努力是与圣人的"性"不同的。对荀子来说，正是普遍存在于民众之中的"义"的能力和圣人对他们的指导才使得他们愿意学习，填充"义"这一能力并且培养"性"成为道德的。

荀子认为人性中存在着各种情感和欲望，而如何对这些情感和欲望加以疏导和转化，使之成为道德的协同力量就是儒家君子所必须要面对的重要使命。对荀子而言，除了礼之外，音乐也可以成为疏导转化情感和欲望的力量。荀子说：

> 乐者，圣人之所乐也，而可以善民心，其感人深，其移风易俗。故先王导之以礼乐，而民和睦。夫民有好恶之情，而无喜怒之应则乱；先王恶其乱也，故修其行，正其乐，而天下顺焉。(《荀子·乐论》)

因此，音乐可能会拥有比礼更为强大的力量来深入人心，从而促使人们转化自己的好恶、喜怒等情感，使之能够沿着正确的轨道来促进道德的塑造。当然，并不是所有的音乐都具有这种塑造道德的功能，有些低俗的音乐反而会成为道德修养的绊脚石。

> 带甲婴胄，歌于行伍，使人之心伤；姚冶之容，郑卫之音，使人之心淫；绅、端、章甫，舞韶歌武，使人之心庄。(《荀子·乐论》)

在荀子看来，像"郑卫之音"这样的音乐只会"使人之心淫"，会使得人放纵自己的情感和欲望。只有那种"雅颂之声"才能"使其声足以乐而不流"，使人得到快乐的同时而又不会流于低俗。

荀子认为，音乐最终的目的并不是使人成为机器，完全服从外在规章制度的要求。事实上，它是使人心得以净化，从而最终获得快乐的方式。但是这种快乐并不是来自于感官上的，而是来自于内心受音乐的熏陶而归于道之后所产生的快乐。只有用快乐的方式，才能获得真正的道德和人的德行品质的塑造。荀子说："故乐行而志清，礼修而行成，耳目聪明，血气和平，移风易俗，天下皆宁，莫善于乐。故曰：乐者，乐也。"(《荀子·乐论》)

这样，荀子主张通过礼法和音乐来陶冶人们的性情，塑造人们的道德品质。对荀子来说，礼法和音乐对人性情的培养过程是由外到内的。当然，音乐和礼法对人的德行培养还是有所不同的。音乐主要通过使欣赏者产生情绪和情感上的共鸣从而达到德行教化的目的，这一过程是不着痕迹、潜移默化地进行的。礼法对人德行的培养则主要通过外在的制度使得人们产生对于善恶及其所带来影响的荣誉感或羞耻感，而产生这种荣誉感或羞耻感一旦形成一种习惯，就能够对人的德行塑造产生重要的推动作用。因此，荀子主张从礼、乐、法的角度培养和塑造人的内在德行，从而为从事道德实践活动奠定基础。他们虽然都主张用外在的规则和规范来约束人们的行为和性情，但其最终还是为了人们德行的培养，而不是单纯地服从外在规范或规则。

由此可见，儒家的心性论哲学是其道德修养学说和治国理论的理论基石，下面我们就从文献的角度对儒家的心性论思想做一个概略式的回顾，以便更为清晰地了解儒家心性论发展的历史脉络。

（四）形而上之"性"与心性一体：从《尚书》、《礼记》到《孟子》

明儒罗钦顺曾言道："六经之中，言心自帝舜始，言性自成汤始。"这便是说，儒家六经之中，从《尚书》开始就已经提到"性"和"心"这两个概念。在《尚书》中，"性"往往使用在"恒性""天性"等术语中，更多是指人天命而赋予的道德本性，具有形而上的意味。《尚书·西伯戡黎》中说："非先王不相我后人，惟王淫戏用自绝，故天弃我。不有康食，不虞天性，不迪率典。"这句话里的"天性"就是指天所赋命于人的"性"，具有道德"性"的含义。《尚书·汤诰》中又说："惟皇上帝，降衷于下民。若有恒性，克绥厥猷惟后。"这就是说，天将大道赋予下民，使民有常性，那么能顺乎其道的则为天子。这里的"恒性"显然是指人天赋而来并且恒久存在的道德"性"。《尚书·召诰》中说："若生子，罔不在厥初生，自贻哲命。今天其命哲、命吉凶、命历年，知今我初服，宅新邑。肆惟王其疾敬德。"这就是说,人性为善,若能顺善而行,则能成善道,这对于治国施政亦是如此。而《尚书·多方》中的"惟圣罔念作狂,惟狂克念作圣",也是在说人性善的问题。人的本性都是善,无论是圣人还是狂人,如果他们都能秉持此善性,就能为圣人;而如果不能秉持,就只能为恶人了。

《尚书》中对"心"也有了明确的界定。《尚书·大禹谟》中说:"人心惟危,道心惟微,惟精惟一,允执厥中。"这样,"心"可以分为"人心"和"道心"。"人心"是具有情感和欲望的载体,而"道心"则是形而上的道德本体。"心"和"性"虽然还不能完全等同,但在《尚书》这一文本中,"心"和"性"的本质含义都更集中在其形而上的道德本体上。

到了《礼记》中,我们可以发现,对"性"和"心"这两个概念的讨论更加细致和深入了。[1]《礼记·乐记》中说:"人生而静,天之性也。感于物而动,性之欲也。物至知知,然后好恶形焉。好恶无节于内,知诱于外,不能反躬,天理灭矣。"由此可见,人生而具有的本性中没有欲望,它本身为静,而所谓的欲望来自于对外物的反应。在这段话里,还出现了"天理"这个概念,强调人如果不能节制自己的欲望,进而反躬自问,实现自己的本性,那由天所赋予人的"天理"也就会丧失。这其实就是将人性视作形而上的、由天所赋予的道德本体,正如"德者,性之端也"(《礼记·乐记》)所言,而如何秉持和彰显这一德行的本体就是人所要在日常生活中完成的。《乐记》篇又言道:"夫民有血气心知之性,而无哀乐喜怒

---

[1] 虽然《礼记》是由西汉戴圣编纂的儒家礼学文献,其中内容并非一时一地所作,但其主体应都是自孔子之后先秦儒家的思想汇总。在这个意义上,我们可以将其与《尚书》及《孟子》中记载的思想加以比较,以反映出早期儒家思想在不同阶段的发展特点。

之常，应感起物而动，然后心术形焉。"这就是说，人的本性是由血气心知构成的，这一本性是所有人都相同的。然而，每个人的喜怒哀乐却是不同的。这是因为人的喜怒哀乐与外界的事物紧密联系在一起。如果人能够听到善乐，人心就会向善，人性就会逐渐地显现和澄明自身；而如果人听到恶乐，人心就会向恶，人性就会被遮蔽。到了《中庸》这一章中，"性"的道德形而上意味就更加明显了，如"天命之谓性，率性之谓道"，"自诚明，谓之性，自明诚，谓之教。诚则明矣，明则诚矣"等。这里的"性"完全就是指天命的形而上之性，具有道德形而上本体的含义。郑玄在此注曰："由至诚而有明德，是圣人之性者也；由明德而有至诚，是贤人学以成之也"。[1] 这便是在强调圣人之性就是天命之性，至诚而无任何遮蔽，由此至诚自然会衍生出日常的道德规范。而对普通人而言，则需要由日常的道德实践活动逐渐达到至诚的境界。由此可见，"性"是高于道德本身的。对于普通人而言，虽然需要通过道德实践活动来实现这一至诚的境界，但"性"本身是自足而无须道德的。这样，"性"其实就是和"天"等同的形而上本体，而它之所以会称为"性"，就是因为它是"天"在人身上的体现。

在《礼记》中，"心"则成为一个包含喜怒哀乐等情感和欲望的概念，如：

乐者，音之所由生也，其本在人心之感于物也。是故其哀心感者，其声噍以杀。其乐心感者，其声啴以缓。其喜心感者，其声发以散。其怒心感者，其声粗以厉。……六者非性也，感于物而后动。言人声在所见，非有常也。（《礼记·乐记》）

---

[1] 郑玄：《十三经古注·礼记》，中华书局，2014年版，第1079页。

这就明白指出"心"不同于"性","性"是本身具有的,不需外物就已存在,而"心"所具有的喜怒哀乐等情感则是由外物而引起的。《礼记·礼运》中说:

> 饮食男女,人之大欲存焉;死亡贫苦,人之大恶存焉。故欲恶者,心之大端也。人藏其心,不可测度也,美恶皆在其心,不见其色也,欲一以穷之,舍礼何以哉?

人所喜好和厌恶的欲望是人心的主要组成部分。所以,如何控制和调节这些欲望,就是礼所要完成的。

《礼记·大学》中说:

> 古之欲明明德于天下者,先治其国,欲治其国者,先齐其家,欲齐其家者,先修其身,欲修其身者,先正其心,欲正其心者,先诚其意,欲诚其意者,先致其知。

如果将《礼记》视作一个逻辑一致的整体,这句话似乎是在说,"心"本身是包含喜怒哀乐的,因而必须要有一个高于其上的东西来引导它,这个东西就是"知"。这样看来,"知"应该就是"性",是人道德性的体现。通过将人的道德性呈现出来,人的"心"才能被正确地引导。这样看来,"心"和"性"并不是一回事。"心"更多地是指情感和欲望,不管这些情感和欲望是好的还是恶的,而"性"则更多指人的道德本体。

从以上对于《礼记》中"心"和"性"的讨论,我们可以看到,从《尚书》中起始的对于"心"和"性"的探讨,到了《礼记》这一记载了先秦时期儒家思想的文本时,已经发生了一定程度的变化。《尚书》中的"天性""恒性"演变为《礼记》中的"天命之谓性",

虽然二者都是道德本体论的含义，但毫无疑问的是，后者具有更为强烈的形而上本体论的色彩。而《礼记》中的"心"则更像是《尚书》中的"人心"而非"道心"。这其实是将"心"与"性"分离开来，然后用"性"来引导教化"心"。如果说《尚书》中的"心"和"性"还尚未完全分开（"心"还有"人心""道心"之分）的话，那么到了《礼记》中，"心"和"性"就已经基本分离开来，"性"成为主导和教化"心"的主体。

到了《孟子》中，"性"和"心"的关系又发生了变化。《孟子·尽心上》中说：

尽其心者，知其性也。知其性，则知天矣。存其心，养其性，所以事天也。夭寿不贰，修身以俟之，所以立命也。……莫非命也，顺受其正；是故知命者不立乎岩墙之下。尽其道而死者，正命也；桎梏死者，非正命也。

这段话充分表达了孟子的"尽心""知性"思想。孟子认为，"心"即是"性"，能够穷尽"心"之理便是能够"知性"。"性"又是由天而降，"知性"也就意味着能够"知天"，从而与天合一。如果孟子所坚持的是天人合一的主张，人的最终目的又是为了知天、知命，那么人性又能是什么呢？很显然，在这个逻辑框架下，人性也就是天、命、心，就必然是纯真至善之物，也就是人最终的修养目标。

《孟子》一书中还有一段重要文字涉及"性"的问题：

天下之言性也，则故而已矣。故者以利为本。所恶于智者，为其凿也。如智者若禹之行水也，则无恶于智矣。禹之行水也，行其所无事也。如智者亦行其所无事，则智亦大矣。天之高也，星辰之远也，苟求其故，千岁之日至，可坐而致也。（《孟子·离娄下》）

对这段话理解的关键在于"故"字。杨伯峻对此一"故"字的解释为"推求其所以然",也就是有缘故之意。而赵岐在《孟子注疏》中则言:"天下万物之情性,当顺其故则利之也,改戾其性则失其利矣。"这就是说,"故"应该被理解为"性"的本然状态。如果顺着"性"的本然状态,就能够有利于"性"的发展,而如果改变了"性"的本然状态,那就会不利于"性"的自然发展。

朱熹在《孟子集注》中对"性"和"故"则是这样解释的:

性者,人物所得以生之理也。故者,其已然之迹若所谓天下之故者也。利犹顺也,语其自然之势也。言事物之理,虽若无形而难知,然其发见之已然则必有迹而易见。故天下之言性者,但言其故而理自明。犹所谓善言天者必有验于人也。然其所谓故者,又必本其自然之势,如人之善,水之下,非有所矫揉造作而然者也。若人之为恶,水之在山,则非自然之故矣。[1]

这就是说,"性"是人和物得以生存的道理,是其本质性的规定。"故"就是"性"在外界的呈现,是已然呈现于外的表象。人的"性"虽然隐藏在内而难以知晓,但它在外的表现总会有迹可循,而这种迹象也一定是遵循着"性"的本然之势。因此,"性"和"故"其实是一个事物的两个方面,一个是内在的本质,一个则是外在的呈现,而外在的呈现必须要依据内在的本质。朱熹又在《孟子精义》中对这一问题继续加以解释:

又曰:"天下之言性也,则故而已矣。故者以利为本。故者,旧也。言凡性之初,未尝不以顺利为本。谓之利者,唯不害之谓

---

[1] 朱熹:《四书章句集注》,中华书局,1983年版,第297页。

也。……"又曰："天下言性则故而已者。"言性当推其元本，推其元本无伤其性也。[1]

这就是说，"性"是人的元本和根基，"故"则是追根溯源"性"这一元本，才不会伤害到"性"。总而言之，在朱熹看来，"性"是人的根本和内在根据，是人存在的最终依据。"故"则是依据外在的呈现来追溯"性"这一根本。依据这种理路，如果人的性是善的，那么外在的呈现也应该是善的，而根据这种外在呈现的善行才能推导出内在的善性。

然而，如果这种对孟子人性观的解释是正确的，那就会存在很多问题。比如，为什么人性本善却有如此之多的人行为不端？如果我们只能从外在的表现追溯人性善的起源，那我们如何从外在的恶行推导出人性的善良呢？正如荀子批评孟子的性善说那样：

凡论者贵其有辨合，有符验。故坐而言之，起而可设，张而可施行。今孟子曰："人之性善。"无辨合符验，坐而言之，起而不可设，张而不可施行，岂不过甚矣哉！（《荀子·性恶》）

在荀子看来，孟子的性善说不能在现实中找到验证，也就是没有"符验"，只是一种理论上或论辩上的空洞说辞。这样，我们就无法相信人性善的学说。

针对以上对于"故"字的解释，近来有学者提出该段落中的

---

[1] 朱熹：《孟子精义》，《朱子全书》（第七册），上海古籍出版社，2002年版，第742页。

"故"字可以被解读为"积习"或"习惯"。[1] 如果按照这种解释,那孟子的这段话就可以被理解为:"人们所谈论的性,往往只是指积习、习惯而已。积习、习惯的培养要以顺从人的本性为根本。"如果以这种思路来理解孟子的人性论,那孟子应该认为人性本来只是善端,必须要通过后天的积习和习惯才能形成完美的人性,而这种积习和习惯就可以被理解为后天的学习以及各种道德的实践。

这种对"故"的理解方式应当说是有可取之处的,而且也与孟子后来的解释比较一致。因为孟子虽说人性善,但并不认为人性从一开始就全是成熟的善,而只是一种善端,也就是善的萌芽。在这个意义上,人还要做出许多努力来发展这种善的萌芽,才能使之成长为道德之树。孟子后来在他的"牛山"篇章中也试图解释这一难题。在这一篇章中,孟子把牛山的"性"比作人的"性"。由于牛山上的树木都被砍伐了,这座山上好像从来没有生长过树木。这不是由于这座山上原本就没有树,而是砍伐导致了无树的局面。孟子认为普通人的善端就如同这些树的命运一样。普通人并没有去滋养这些善端;事实上,他们甚至去砍伐和毁灭它们。在这种情况下,道德的"萌芽"就长不成"大树"。

由此可见,孟子是将"心"和"性"看作一体的,都是决定人之为人的本质。尽心则能知性,"心"和"性"在本质上都是与天为一的。这样,我们可以看到,《孟子》中的"心"和"性"不再像《礼记》中的那样分离开来,而是更像《尚书》中的心性关系,虽然后者并没有将"心"视作完全的形而上本体。我们同时可以发现,尽管《尚书》、《礼记》与《孟子》关于"心"和"性"的关系并未完全一致,但这三部文本中对于"性"的界定则极为一致。"性"

---

[1] 梁涛:《郭店竹简与思孟学派》,中国人民大学出版社,2008年版,第364~373页。

都是可以追溯到天命的形而上道德本体,是人在日常的道德实践中所要实现的最终目标。

从《尚书》、《礼记》到《孟子》的发展轨迹呈现出"心"和"性"由分离逐渐走向融合的发展过程,而这种"心"与"性"的融合和统一都是与"天"或"天命"联系在一起的,这就为儒家的道德修身之说提供了形而上的哲学基础。我们在认识到这样一条发展轨迹的同时,也不能不看到几乎在同一时期与之并行的另外一条发展轨迹。这条发展轨迹对于"心"与"性"的认识完全不同于前一条发展路向,而它的发生和发展也使得早期儒家思想的发展呈现出多元化的格局。

(五)自然质朴的"性"与心性二体:从《孔子家语》、郭店楚简到《荀子》

对于《孔子家语》的来源,孔安国在《孔子家语》的《后序》中言道:

《孔子家语》者,皆当时公、卿、士大夫及七十二弟子之所谘访、交相对问言语者,既而诸弟子各自记其所问焉,与《论语》《孝经》并时。弟子取其正实而切事者,别出为《论语》,其余则都集录之,名之曰《孔子家语》。凡所论辨疏判较归,实自夫子本旨也。属文下辞,往往颇有浮说烦而不要者,亦犹七十二子各共叙述,首尾加之润色，其材或有优劣，故使之然也。[1]

由此可见，《孔子家语》与《论语》一样，都是记载孔子与弟子言行的记录，只不过后者更为"正实而切事"。当前已有学者对《孔子家语》与《荀子》的思想关系进行了一定程度的研究，比如杨朝明、王继东等认为，从《孔子家语》的《刑政》篇与《荀子》各篇的思想对比上，我们可以看出这二者之间存在密切的思想联系。虽然子思和孟子承继了孔子关于"仁"的思想，但荀子则从礼学的角度极大地扩展了儒学的内涵，使得儒家内圣外王之学变得更加坚实可行。[2] 虽然从礼学的角度寻找《孔子家语》与《荀子》的思想关系是一个较为明显而切实的思考向度，但如果能从心性论的角度寻找到二者之间的思想关系或许能更加令人信服地说明孔子之后儒家思想的发展脉络与走向。

在《孔子家语》中，对"心"和"性"的界定呈现出与以往不同的特点：

> 子谓子路曰：君子以心导耳目，立义以为勇；小人以耳目导心，不逊以为勇。故曰：退之而不怨，先之斯可从已。（《孔子家语·好生》）

在这里，"心"成为耳目的主导。我们可以看出，这里的"心"已经开始具有了道德和理性，不再是《礼记》中情感和欲望的载体。

---

[1] 孔安国：《孔子家语》，王国轩、王秀梅译注，中华书局，2011年版，第560页。

[2] 王继东、杨朝明：《〈孔子家语〉对荀学研究的意义》，载《中国哲学史》，2014年第1期，第39页。

是以天下积而本不寡，短长得其量，人志治而不乱政，德贯乎心，藏乎志，形乎色，发乎声，若此而身安誉至，民咸自治矣。(《孔子家语·入官》)

这里，"心"成为"德"的载体，这就为"心"的道德形而上地位奠定了基础。虽然《孔子家语》中仍然没有否认人心中仍然存在情感和欲望的成分，如"欲、恶者，人之大端。人藏其心，不可测度。美恶皆在其心，不见其色，欲以一穷之，舍礼何以哉？"(《孔子家语·礼运》)，但道德和理性开始成为"心"的主导性力量。

对于"性"，《孔子家语》中则更多地视作情感和欲望的"气性"。"君子莅民，不可以不知民之性而达诸民之情，既知其性，又习其情，然后民乃从命矣。"(《孔子家语·入官》)这就是说，只有了解民众的性情，也就是民众内心真正的欲望和需求，才可以用礼乐制度来教化性情，从而使人们能够迁善去恶。在《孔子家语》中，孔子说：

颛顼，黄帝之孙，昌意之子。曰高阳，渊而有谋，疏通以知远，养财以任地，履时以象天，依鬼神而制义，治气性以教众。(《孔子家语·五帝德》)

因而，民众的"气性"都是需要加以教化的。关于"性"的这一观点，在一篇鲁哀公和孔子的对话中反映得更加清楚：

鲁哀公问于孔子曰：人之命与性，何谓也？孔子对曰：分于道，谓之命；形于一，谓之性。化于阴阳，象形而发，谓之生化；穷数尽，谓之死。故命者，性之始也；死者，生之终也。(《孔子家语·本命解》)

在这段颇富哲学意味的谈话中,孔子解释了"命"与"性"这两个概念的含义。孔子认为,"命"是"道"派生出来的,但本身并没有形体。"命"被赋予了形体之后,就称之为"性"。从这里我们可以看出,"命"是更为本源性的概念,它是"道"派生出来的,因而具有"道"的属性。从某种意义上说,"命"就是"道"在人身上的体现,是决定人之为人的根本。但"命"作为"道"在人身上的体现,还必须具有一定的形体和外在属性,这种外在的形体和属性就被称为"性"。在这个意义上,"性"就是气性,也就是情感和欲望等属于人身体方面的属性,而"命"则是主导"性"的主体。孔子说的"命者,性之始也"便是说,人的"性"在开始之初,还有来自于"道"的"命"所赋予的特性,但随着人的成长,这种天赋的"命"便逐渐遭到遮蔽。最终,随着人的死,所有与身体有关的属性就会消亡,但"命"并没有终结,因为它是与"道"同源的。我们可以看出,在《孔子家语》中,"心"和"性"不再融合为一体。"心"和"性"是分离的,"心"是具有道德性的概念,而"性"则是指人的情感和欲望等属于人身体方面的属性。

我们再来看郭店楚简中的"心"与"性"。《性自命出》篇言道:

凡人虽有性,心无奠志,待物而后作,待悦而后行,待习而后奠。喜怒哀悲之气,性也。

这句话谈到了"性"和"心"的问题。每个人都有相似的"性",而"性"就是"喜怒哀悲之气",也就是喜怒哀乐这种人类普遍具有的情感。但人的"心"则没有确定的意志,"心"只有通过外在的学习和实践才能确定自身的志向,从而成为教化性情的主体。在这个意义上,"心"和"性"显然是分离的,"心"能够主导和教化"性",但这需要后天的学习和实践来使得"心"具有这一能力。

《性自命出》篇接着言道："性自命出，命自天降。"如果结合《孔子家语》对"命"的解释，我们可以将这句话解释为：人的"性"来自于天道赋予的"命"。其中，"性"是人具有的自然情感和欲望，如前一句话中所提到的"喜怒哀悲之气"。而"命"则是天赋予人的道德形而上本体，这一本体的内核被包裹在情感和欲望组成的"性"之中。所以，人的任务就在于将后天学习和实践确立的心志付诸教化人的情感和欲望中，以呈现这一被遮蔽的"命"。

简文后来说道："道始于情，情生于性。始者近情，终者近义。知情者能出之，知义者能纳之。"这段话更是说明了人的情感和欲望产生于"性"，而通过对这一始源性的情感加以教化和引导才能实现"道"。而"好恶，性也。所好所恶，物也。善不善，性也。所善所不善，势也"这段话依然是在说人的喜好与厌恶的情感和欲望是人的性。善和不善都属于人的性。一个人既可以为善，也可以为不善，这是由当时具体的形势决定的，人的本性并无善恶之分。

由此我们可以看出，郭店楚简同样也将"性"视作情感和欲望的载体，而"心"则是与"性"分离的，并能够通过后天的学习和实践来对"性"加以教化和引导的主体。这其实是将《孔子家语》中尚未涉及的心性关系进行了较为深入和细致的发展。

让我们再来看看荀子关于"心"和"性"的观点。荀子说："生之所以然者谓之性。性之和所生，精合感应，不事而自然谓之性。"（《荀子·正名》）这就是说，"性"就是人生来而有的、没有被人为加工过的质料。那么，"性"里面究竟有哪些东西呢？荀子说："性之好、恶、喜、怒、哀、乐谓之情。"（《荀子·正名》）这就是说，"性"包含着喜、怒、哀、乐、好、恶这些"情"。荀子对于"性"的这一定义与郭店楚简如出一辙，它们都是认为"性"是喜怒哀乐好恶等人类的情感。

当然，荀子的"性"或"情"包含的范围可能更大一些，如荀子说,"不富无以养民情,不教无以理民性"(《荀子·大略》),"今人之性,饥而欲饱,寒而欲暖,劳而欲休,此人之情性也"(《荀子·性恶》),等等。这些篇章中所提到的"性"或"情"可以理解为人的生物性欲望。对荀子来说,人的这些渴求温饱的生物性欲望是维持人类生存所必需的。这些欲望本身并没有善恶之分,因而不能从道德的角度对这些欲望加以评判。

然而,荀子仍然说:"人之性恶,其善者伪也。今人之性,生而有好利焉,顺是,故争夺生而辞让亡焉;生而有疾恶焉,顺是,故残贼生而忠信亡焉。"(《荀子·性恶》)这段话便是在说人性"恶"。这又是为何呢?实际上,在荀子看来,虽然"性"或"情"本身并无善恶之分,但一个人如果沉溺于这些情欲之中以至于无法自拔的话,那人就会沦为情欲的奴隶,而人的情欲也就会造成负面的社会影响。因而,荀子并不认为人的本质或本性为恶,只是说人天赋而来的自然欲望如果不加以控制和引导,就必将造成严重的社会后果。从这点上,我们也可以清楚地看到荀子和孟子对于"性"的定义截然不同。荀子绝不认为"性"就是人的本质,"性"只是人天赋而来的自然欲望和情感。孟子则将"性"视作人的本质,是决定人成其为人的根本。如果"性"对于荀子来说并不是人的本质,那么什么才是决定人成其为人的根本呢?荀子说:

水火有气而无生,草木有生而无知,禽兽有知而无义,人有气、有生、有知,亦且有义,故最为天下贵也。力不若牛,走不若马,而牛马为用,何也?曰:人能群,彼不能群也。人何以能群?曰:分。分何以能行?曰:义。(《荀子·王制》)

由此可见,决定人成其为人的是人的"义"。人的"义"使得人能够"群""分",也就是形成社会并建立社会等级的能力。这种能力是内在于人本身之中的，是决定人成其为人的本质。荀子又在其他地方说道："辨莫大于分，分莫大于礼。"（《荀子·非相》）在这里，"分"需要遵循的原则就是"礼"。这样，人内在于自身的"义"和外在的"礼"就能够形成"分"这一等级社会的结构。

既然决定人成其为人的本质就是人的"义"，那这个"义"究竟存在于哪里呢？从以上的讨论中我们可以看到，人的"性"中肯定不包含"义"的成分。而"义"又是一定存在于人自身之中的。那它能存在于何处呢？事实上，"义"只能存在于人的"心"中。荀子说：

心者，形之君也，而神明之主也，出令而无所受令。自禁也，自使也，自夺也，自取也，自行也，自止也。故口可劫而使墨云，形可劫而使诎申，心不可劫而使易意，是之则受，非之则辞。（《荀子·解蔽》）

荀子在这里认为"心"就是身体的主宰。"心"可以主宰身体的一切行为，也包括了与身体有关的各种情感和欲望。存在于人心中的"义"虽然具有形成社会等级秩序的能力，但它却只是一种能力，并没有形成具体的社会等级与人伦秩序的内容。这种内容的输入来自于外在的礼，通过外在礼的学习和实践，人的内心的这种能力才能真正地被应用于实践之中，才能在现实中实现礼仪制度和人伦秩序的构想。同时，通过这种外在礼的输入，人的内心才具有了关于礼的各种规范形式，也才具有了培养和塑造人的性情的基础。

从这里我们可以看出，《荀子》也同样强调"性"与"心"的区别。"性"是本源性的情感和欲望，而"心"则是能动的、进行主动价值选择的主体，心中的"义"通过外在教育和学习的输入而获得关于礼的知识，从而就具有了指导情感和欲望，以及构建社会等级秩序的现实能力。郭店楚简也同样强调"性"与"心"的差别，认为"性"是天赋予人的自然情感，而"心"则是通过外在的学习和实践获得指导情感的道德性意志。这种道德性的意志才是决定人成其为人的根本特征。《孔子家语》中对于"心"与"性"的探讨虽没有上述两部文本如此显明，但也可以看得出"心"与"性"的差别。"心"是引导和指引"性"的主体，而"性"则是情感和欲望的载体。这样，从《孔子家语》、郭店楚简到《荀子》，贯穿始终的对于心性的观点是基本上一致的。对这三部文本而言，心都是驾驭和引导"性"的主体，而"性"则主要指人的情感和欲望。这与先前《尚书》、《礼记》和《孟子》的发展思路泾渭分明。在后三部文本中，虽然"性"与"心"并不是完全一致的（如《礼记》中"性"是主导"心"的主体），但"性"始终被视作道德形而上本体，"心"则有时被视作道德形而上本体（《孟子》），有时被看作情感和欲望的载体（《礼记》）。但无论怎样，"心"与"性"合流的趋势在这三部文本中表现得比较明显，而在《孔子家语》、郭店楚简和《荀子》这三部文本中，"心"与"性"分流的趋势则比较明显。

从以上的讨论中我们可以看到，《孔子家语》、郭店楚简和《荀子》三者在心性关系的问题上存在密切的联系。这从一些现存的史料中也能找到这种思想密切联系的可能性。孔安国在《孔子家语》的《后序》中说：

孔子既没，而微言绝；七十二弟子终，而大义乖。六国之世，儒道分散，游说之士各以巧意而为枝叶。唯孟轲、孙卿守其所习。当秦昭王时，孙卿入秦，昭王从之问儒术。孙卿以孔子之语及诸国事、七十二弟子之言凡百余篇与之，由此秦悉有焉。始皇之世，李斯焚书，而《孔子家语》与诸子同列，故不见灭。高祖克秦，悉敛得之，皆载于二尺竹简，多有古文字。及吕氏专汉，取归藏之，其后被诛亡，而《孔子家语》乃散在人间。好事亦各以意增损其言，故使同是一事而辄异辞。[1]

目前学术界已经基本肯定了孔安国这篇"后序"内容的真实性，而如果我们可以相信这段话记载内容的话，那就不难理解《孔子家语》为何与《荀子》思想之间存在如此密切的思想联系。根据这段话记载的内容，荀子入秦时曾将"孔子之语及诸国事、七十二弟子之言"等儒家文献交给了秦王，而这些文献很可能就包含了《孔子家语》的文本。这样，荀子自身对《孔子家语》的思想也一定非常熟悉，并有可能会受到它的影响。

（六）古代经典中的修身与治国

先秦儒家关于修身的观点大抵如此。在这之后儒家思想发展的上千年间，修身的思想也随着时代的变迁而不断演化，但它们大都没有超越先秦儒家的范围。《礼记》中言道："君子先慎乎德。有德此有人，有人此有土。"（《礼记·大学》）这就是说，国君首先要在道德修养上谨慎从事，有道德的国君才能有人民，有人民才能有国土。"身修而后家齐，家齐而后国治，国治而后天下平。"（《礼记·大学》）这就更加清楚地指出，人只有在自身道德修养之后，才能整治好自己的家庭；也只有整治好自己的家庭之后，才能治理好国家；只有治理好国家，而后才能平定天下。因此，"自天子以至于庶人，壹是皆以修身为本。其本乱，而末治者，否矣"（《礼记·大

---

[1] 孔安国：《孔子家语》，王国轩、王秀梅译注，中华书局，2011年版，第560页。

学》)。从天子到老百姓,都要以提高自身道德修养为根本。道德修养这个根本破坏了,却要齐家治国平天下,那是不可能的。

汉代桓宽曾言道:"善为人者能自为者也,善治人者能自治者也。"(《盐铁论·贫富》)善于为别人办事的人,能够做好自己的事;善于统治别人的人,能够管理好自己。强调治理国家的人,首先应当善于"自治",否则便治理不好国家。汉代王符也说:"人君身修正,赏罚明者,国治而民安。"(《潜夫论·正列》)君主自身修养好,赏罚又很严明,国家就治理得好,百姓就会安居乐业。

唐代吴兢说:"君子小人本无常,行善事而为君子,行恶事则为小人。当须自克励。使善事日闻,勿纵欲肆情,自陷刑戮。"(《贞观政要·教戒太子诸王》)这就是说,君子小人并非永远不变,行善事就成为君子,作恶事就成为小人。所以一定要善于克制,自勉自励,使自己做善事的行为逐渐为人所知,切勿放纵情欲,自陷于刑罚。

君心理,则照见下非。诛一劝百,谁敢不畏威尽力?若昏暴于上,忠谏不从,虽百里奚、伍子胥之在虞、吴,不求其祸,败亡亦继。(《贞观政要·政体》)

国君公正廉明,就能觉察到大臣的过错。惩一儆百,谁还敢不摄于君威而尽力效忠?如果国君残暴昏庸,不听大臣诚恳的规劝,即使有像百里奚、伍子胥这样的贤臣在虞国和吴国,虽然不希望有灾祸,但是国家的败亡还是随之就要到了。"求木之长者,必固其根本;欲流之远者,必浚其泉源;思国之安者,必积其德义。"(《贞观政要·君道》)则是说,要想让树木长得高大,就一定要把树根栽牢固;打算让水流到远处,一定要把源泉疏浚通畅;想使国家安定的人,一定要积累道德仁义。

宋代王安石说："君任德，则下不忍欺；君任察，则下不能欺；君任刑，则下不敢欺。"（《三不欺》）这就是说，君主凭借高尚品德行事，那么臣下就不忍心欺骗他；君主凭借明察秋毫来行事，那么臣下就没法欺骗他；君主凭借法律来治国，那么臣下就不敢欺骗他。"在德不在险，若君不修德，舟中之人皆敌国也。"（《资治通鉴·周纪一》）国家的安定在于执政者的德行而不在于山河的险要。如果君主不修养自己的德行，那么船上的人都要归属于你的敌国了。

明末清初的王夫之说："正己齐家而忧社稷，贤臣进，庶务理。"（《读通鉴论》卷五）端正自身，整治家庭，为国家操劳，这样贤臣就会涌现，政务就得到治理。"人君正己以莅下、节嗜欲、远宦寺、勤学问、公好恶，则个人之利病、国家之得失，触之而自知。"（《读通鉴论》卷十）君主端正自己以统治臣下，节制嗜好欲望，远离宦官，勤于学问，从天下大公的角度规范自己的好恶，那么劳动人民的幸福与疾苦，国家大事的得与失，一接触就会知道。

事实上，主张修身以治国观点的不只是儒家。除了儒家之外，其他各家各派也都有类似的思想。比如在《管子》中，有这样一段对话："'请问信安始而可？'对曰：'始于为身，中于为国，成于为天下。'"（《管子·中匡》）这段话说的是，齐桓公问管仲："请问建立威信从什么地方着手？"管仲回答说："从治身开始，然后是治国，最终成功在治天下。"由此可见，管仲也是同样主张修身之后才能治国而后才能治天下的。《管子》中还说：

有身不治，奚待于人？有人不治，奚待于家？有家不治，奚待于乡？有乡不治，奚待于国？有国不治，奚待于天下？（《管子·权修》）

这是说，不能治理自身，怎能治理别人？不能治人，怎能治家？不能治家，怎能治乡？不能治乡，怎能治国？不能治国，怎能治天下？这段话就更清楚地指出了自身修养和治家乃至治国之间的逻辑联系。

《管子》认为修身的根本在于破除私心。"有私视也，故有不见也；有私听也，故有不闻也；有私虑也，故有不知也。夫私者，壅蔽失位之道也。"(《管子·任法》)用私心来看事物，所以就有看不见的地方；用私心来听情况，所以有听不到的地方；用私心来考虑问题，所以有认识不到的地方。这私心正是遭受蒙蔽、造成失败的原因。"行之无私，则足以容众矣；出言必信，则令不穷矣。此使民之道也。"(《管子·小匡》)行事无私心，就能够团结众人；说话一定算数，政令就不会失灵。这就是使用人民的方法。"行不正则民不服，是故圣人若天然，无私覆也；若地然，无私载也。私者，乱天下者也。"(《管子·心术下》)行为不正则民众不服，所以圣人总像天一样，不为私而覆盖万物；像大地一样，不为私而载置万物。

《管子》中认为："为人臣者，非有功劳于国也，家富而国贫，为人臣者之大罪也；为人臣者，非有功劳于国也，爵尊而主卑，为人臣者之大罪也。"(《管子·枢言》)身为人臣的人，对于国家无功却家室豪富，而国家却很贫穷，这是作为人臣的极大罪过；对于国家无功却爵尊位高，而君主则显得卑下，这也是作为人臣的极大罪过。这其实就是对臣子的要求，要求臣子不能只顾自己的私利而不顾国家的利益。"受禄不过其功，服位不侈其能，不以毋实虚受者，朝之经臣也。"(《管子·重令》)受禄不超过自己的功劳，当官不超过自己的才能，不以不实之功平白无故领受待遇的，就是朝廷的"经臣"。

《管子》中还说："贵而不骄，富而不奢，行理而不惰，故能长守贵富，久有天下而不失也。"(《管子·形势解》)这就是说，地位高贵而不骄横，家室富裕而不奢华，做事遵循正理而不松懈，所以能与富贵长相厮守，长久地拥有天下。"有道者不平其称，不满其量，不依其乐，不致其度。爵尊则肃士，禄丰则务施，功大而不伐，业明而不矜。"（《管子·宙合》）则是说，有修养的人不使自己太自满，不使自己得意忘形，不使自己达到最高的限度。爵位高就敬肃贤士，俸禄丰厚要施惠于人，功劳大而不自我夸耀，业绩显著而不洋洋自得。

《管子》中还说："台榭相望者，亡国之庑也；驰车充国者，追寇之马也；羽剑珠饰者，斩生之斧也；文采纂组者，燔功之窑也。明王知其然，故远而不近也。"（《管子·七臣七主》）楼台亭榭相望，等于是亡国的廊房；游乐车马满国，等于是贼寇的车马；用宝珠装饰的箭和剑，等于是杀身的兵刃；华丽衣饰与彩色绦带，等于是焚烧功业的窑炉。明君懂得这些道理，所以远远离开它们而不愿接近。"沉于乐者洽于忧，厚于味者薄于行，慢于朝者缓于政，害于国家者危于社稷。"（《管子·中匡》）沉溺于宴乐的就沾染于忧患，厚享于口味的就薄于德行，怠慢于朝廷的就懈荒于政事，有害于诸侯国和家族的就危于国家。

"人君唯毋听谄谀饰过之言，则败。奚以知其然也？夫谄臣者，常使其主不悔其过不更其失者也，故主惑而不自知也，如是则谋臣死而谄臣尊矣。"（《管子·立政九败解》）人君只要听信阿谀奉承、文过饰非的言论，就会导致失败。怎么知道是这样呢？谄媚之臣常常使君主不知悔过又不知改过，所以君主受迷惑而自己觉察不到，这样就导致忠臣谋士被排斥而死，而谄媚之臣却高升了。"毋访于佞，毋蓄于谄，毋育于凶，毋监于逸。"（《管子·宙合》）不要寻访求教于奸佞之人，不要保护谄媚的行为，不要培植凶恶的行为，不可听信谗言。

《左传》中说："玩好必从，珍异是聚，观乐是务。视民如仇而用之日新。夫先自败也已，安能败我？"（《左传·哀公元年》）放纵地赏玩嗜好的物品,贪得无厌地聚敛奇珍异宝,致力于观赏享乐,把老百姓看作仇人一样,不断变换方法使用他们。这样的政权先把自己搞垮了,怎么还能打败我们。"骄、奢、淫、佚,所自邪也。"(《左传·隐公三年》)骄傲、奢侈、淫荡、放纵,是走入邪路的原因。

《晏子春秋》中说:"称身而食,德厚而受禄,德薄则辞禄。"(《晏子春秋·内篇杂下》)衡量自己的贡献而接受国家的供给,品德高尚就接受禄位,品德卑微就辞退禄位。这就是要求品德和地位相称,处于高位就必须要有高尚的品德,否则就必须要辞退职位。"称身就位,计能定禄;睹贤不居其上,受禄不过其量。"(《晏子春秋·内篇问上》)权衡自己的德才接受职务,衡量自己的能力接受俸禄;发现有比自己贤能的人,就不要使自己的职位在他之上,俸禄数量也不能超过他。这说的也是一样的道理。

墨子也有类似的修身思想。"子不能治子之身,恶能治国政?"(《墨子·公孟》)如果你连自身都治理不好,怎么能治理国政呢?墨子也说:"举公义,辟私怨。"(《墨子·尚贤上》)这就是要提倡天下为公的大义,清除私人之间的恩怨。也就是说,在治国中要遵循大义,不能过于计较私人恩怨。

《战国策》中也有类似的修身思想。"无其实而喜其名者削,无德而望其福者约,无功而受其禄者辱。"(《战国策·齐策四》)没有那样的实际能力却喜欢那样的名声的,必定遭受损失;没有那样的德行却企望得到那样的福分的,无异于自缚绳索;没有那样的功绩却享受那样的爵禄的,肯定会蒙受耻辱。"无功之赏,无力之礼,不可不察也!"(《战国策·宋卫策》)也是说的同样的道理。这就是说,对于自己没有功劳而受到奖赏,没有为人出力而收到礼物,不能不认真思量一番。

商鞅也提倡天下为公的思想:"尧、舜之位天下也,非私天下之利也,为天下位天下也。"(《商君书·修权》)尧、舜居天下之位，并不是为了把天下的利益据为己有，而是为了天下的人，才居于统治天下的地位。"上开公利而塞私门，以致民力，私劳不显于国，私门不请于君，若此而功名劝，则上令行。"（《商君书·壹言》）国君开辟为公谋利的途径，堵塞私人的门路，用以争取民众的力量，使为私人效劳的人在国内得不到显荣，走私人门路的人也不能在国君那里得到什么好处，像这样，功名就起到鼓励的作用，政令就得到贯彻。

韩非子同样也主张天下为公的重要性："能去私曲就公法者，民安而国治；能去私行行公法者，则兵强而敌弱。"（《韩非子·有度》）能去掉私心而遵守公法的，人民安定国家也治理得好；能克服自私的行为而奉行公法的，就会军队强大而削弱敌国。

《吕氏春秋》中说："圣人行德乎己，而四荒咸饬乎仁。"（《吕氏春秋·精通》）圣人修养自己的品德，四方荒远之地的人民都随着整饬自己，归向仁义。《吕氏春秋》中还说："昔先圣王之治天下也，必先公。公则天下平矣。"（《吕氏春秋·贵公》）从前，先代圣王治理天下，一定把公正无私放在首位，做到公正无私，天下就安定了。"贤者之事也，虽贵不苟为，虽听不自阿，必中理然后动，必当义然后举。"（《吕氏春秋·不苟》）贤明的人做事，即使地位尊贵也不随意而行，即使为君主所听信也不借以谋私，一定要合于事理才行动，符合道义才去做。

《吕氏春秋》中也说："不可得之为欲，不可足之为求，大失生本，民人怨谤，又树大雠。"（《吕氏春秋·情欲》）总是想得到不可得到的东西，追求不可满足的欲望，这样必然大大丧失生命之本，又会招致百姓怨恨指责，给自己树起大敌。

道家文献《黄石公三略》中也提到："有德之君，以乐乐人；无德之君，以乐乐身。乐人者，久而长；乐身者，不久而亡。"（《黄石公三略·卷下》）这是说，有德行的君主，是用"乐"来使民众快乐；无德行的君主，只知用"乐"来使自己快乐。使民众快乐，才能保持长久；只知道使自己快乐，不久便会灭亡。

《淮南子》也言道："身弗能治，奈天下何？故自养得其节，则养民得其心矣。"(《淮南子·泰族训》）连修养自身的事都处理不好，又能拿天下人怎么样呢？所以对于自身的保养如果能得到节制，那么在保养百姓方面就深得人心了。"公正无私，一言而万民齐。"(《淮南子·修务训》）是说天下为公的思想。做事公正而没有私心，说一句话就能使千万民众团结一致。《淮南子》中说："天下有三危：少德而多宠，一危也；才下而位高，二危也；身无大功而受厚禄，三危也。"(《淮南子·人间训》）这就是说，世上的人有三种危险：自己缺少德行却很受统治者宠幸，这是其一；才能低下而官位却很高，这是其二；自己没有大的功绩却享受着丰厚的俸禄，这是其三。"忠臣事君也，计功而受赏，不为苟得；积力而受官，不贪爵禄；其所能者受之勿辞也，其所不能者与之勿喜也。"(《淮南子·人间训》）忠臣奉事君主，衡量自己的功劳而接受奖赏，不做苟且取得之事；根据自己的能力而受官职，不贪图俸禄；自己应当接受的就要接受而不推辞，自己不应该接受的即使给了你也不要高兴。

《淮南子》提到："非能使人弗欲，而能止之；非能使人勿乐，而能禁之。"(《淮南子·精神训》）执政者不能使人没有欲望，但能使他们适可而止；不能使人不追求吃喝玩乐，但能适当地禁止他们。这就是说，完全消灭人们的欲望是不可能的，但可以对欲望加以控制和引导。"嗜欲见于外，则守职者离正而阿上，有司枉法而从风。"(《淮南子·主术训》）执政者的嗜好和欲望表现于外表，那么尽责守职的人就会离开正道而曲从君主，官吏们就会歪曲法律而紧紧跟随。"仁君明王，其取下有节，自养有度。"(《淮南子·主术训》）仁义的君主，贤明的国王，他们向民众的索取是有节制的，自己生活的供养是有分寸的。"有以欲多而亡者，未有以无欲而危者也。"

(《淮南子·诠言训》)有因为贪欲过多而灭亡的,但是没有因为无所贪欲而危险的。

佛教同样也主张修身学说。佛家思想之所以能够成为影响中国人文精神的主流,根源在于其本身具有深厚的形而上学基础,以及在此基础之上构建的佛性论乃至修行学说体系。其与儒家和道家学说有着内在的相通之处。佛性学说是佛家话语体系中的人性学说,其中包含了多种观点。

1. 竺道生的"佛性我"学说

东晋时代,随着《涅槃经》的传入,佛性学说开始在中国逐渐兴起。面对众生是否有佛性的问题,鸠摩罗什的弟子竺道生提出"佛性我"的学说,也就是佛性在我,一切众生皆有佛性。竺道生说:

理既不从我为空,岂有我能制之哉,则无我矣。无我本无生死中我,非不有佛性我也。(《注维摩诘经》,《大正藏》第三八卷,第三五四页)

又说"佛性即我""本有佛性,即是慈念众生也"。(《大般涅槃经集解》,《大正藏》第三七卷,第四四八页)之前由法显译出的《大般泥洹经》提出"一阐提"(指不能成佛的人)不能成佛,也就是说,不是所有人都有佛性。而竺道生则提出"一阐提"亦能成佛。竺道生说:

一阐提者,不具信根,虽断善,犹有佛性事。(《名僧传抄说处》,《续藏经》第一辑,第二编乙,第七套,第一册,第一五页)

这就是说,人人都有佛性,都有成佛的可能。竺道生认为佛性是"本性","涅槃惑灭,得本称性"。(《大般涅槃经集解》,《大正藏》第三七卷第五三二页)这就是说,佛性是人人所具有的本性,只不过为各类迷惑所遮蔽,只要去掉这些遮蔽,佛性就会显现出来,人便可成佛。另外,竺道生认为佛性是善性:

善性者,理妙为善,返本为性也。(《大般涅槃经集解》,《大正藏》第三七卷,第五三一页)

这一观点与儒家孟子的性善说颇为相似,人性或者佛性都是善的,只要反身而诚,人便可为圣为佛。同时,佛性还是"自然"。

夫体法者,冥合自然。一切诸佛,莫不皆然,所以法为佛性也。(《大般涅槃经集解》,《大正藏》第三七卷,第五四九页)

佛性也是"理","从理故成佛果,理为佛因也"(《大般涅槃经集解》,《大正藏》第三七卷,第五四七页)。这样,"理"就是"佛因"或"佛性"。

在这个意义上,竺道生所认为的佛性乃是宇宙万物包括人在内的最高本体,它既是万物最善的本性,也是存在于万物之中,等待被人开掘的宝藏。

2. 天台宗的"染净"二性说

隋唐佛教中之天台宗认为,人性本来即具有染净二性,即善恶二性,正所谓"如来之藏,从本以来,俱时具有染净二性"。由于人性具有善恶二性,所以世间之事就有染净诸事。虽然如来之藏包含了诸性,但一切诸性都是全体的呈现。《大乘止观法门》云:

藏体平等，实无差别，即是空如来藏；然此藏体，复有不可思议用故，具足一切法性，有其差别，即是不空如来藏；此盖无差别之差别也。……是故如来之藏，全体是一众生一毛孔性，全体是一众生一切毛孔性。如毛孔性，其余一切所有世间一一法性，亦复如是。如一众生世间法性，一切众生所有世间一一法性，一切诸佛所有出世间一一法性，亦复如是。是如来藏全体也。(《大乘止观法门》，《大正藏》第四六卷)

天台宗认为，人和佛在性上都是一样的，佛也具有染净二性。而佛修成之后，染性依然存在，只不过不呈现于外事而已，不能根本去除。所以，性本身是无法改变的。虽然普通人依照染性行染事，但其净性并没有消失，依然作为一种潜能而存在；而虽然诸佛可以依照净性来行净事，但其染性也没有消失，仍然也是一种潜能，只不过没有呈现出来。

一一众生心体，一一诸佛心体，本具二性，而无差别之相。一味平等，古今不坏。但以染业熏染性故，即生死之相显矣。净业熏净性故，即涅槃之用现矣。……以是义故，一一众生，一一诸佛，悉具染净二性。法界法尔，未曾不有。但依熏力起用，先后不俱，是以染熏息故，称曰转凡；净业起故，说为成圣。然其心体二性，实无成坏。(《大乘止观法门》，《大正藏》第四六卷)

所以，无论是普通人还是佛，他们的染净二性都是可能会互相转化的。对普通人而言，净性也可以呈现，而对于佛而言，染性也可以随时呈现。既然如此，那么人们为什么要修行成佛呢？

染业虽依心性而起，而常违心。净业亦依心性而起，常顺心也。……无明染法，实从心体染性而起。但以体暗故，不知自己及诸境界，从心而起。亦不知净心具足染净二性，而无异相，一味平等，以不知如此道理，故名之为违。智慧净法，实从心体而起。以明利故能知己及诸法，皆从心作。复知心体具足染净二性，而无异相，一味平等。以如此称理而知，故名之为顺。(《大乘止观法门》，《大正藏》第四六卷)

因此，虽然净染二性都从心性上起，但染性往往为普通人所不觉，因而"无明"。而净性则使人能够觉察净染二性，虽然诸佛在染事之中，亦能够觉察到净染本性，而不会随波逐流。

天台宗的二性说强调的是人与佛本性相同，无论是人还是佛，他们的本性都是相同的。而他们之间的区别只在于是否能够觉察到染净二性本身。在这点上，可以说人人皆有佛性，而佛也皆有人性。这与孟子主张的"人皆可以为尧舜"颇为相似。在这个意义上，天台宗的这一人性学说至少能够给予人们修佛性的内在动力。天台宗的这一人人皆有佛性说可以说继承了竺道生的"佛性我"学说，并对其进行了发展。

天台宗至湛然时，佛性学说得到了进一步的发展。湛然提出了"无情有性"学说，即无情之物亦有佛性。湛然说：

故知一尘一心，即一切生佛之心性。……万法是真如，由不变故。真如是万法，由随缘故。……故万法之称，宁隔于纤尘。真如之体，何专于彼我。是则无有无波之水，未有不湿之波。(《金刚錍》，《大正藏》第四六卷)

竺道生的"佛性我"学说至此而到极致。人人皆有佛性之说逐渐成为中土佛教的主流观点。

既然天台宗所言的个人修行的目的是实现佛性，那么这一具体的修行方法是什么呢？又分哪些阶段呢？在这里，唯识宗可以为我们提供一些答案。

何谓悟入唯识五位？一资粮位，谓修大乘顺解脱分。二加行位，谓修大乘顺决择分。三通达位，谓诸菩萨所住见道。四修习位，谓诸菩萨所住修道。五究竟位，谓住无上正等菩提。云何渐次悟入唯识？谓诸菩萨于识相性资粮位中，能深信解。在加行位，能渐伏除所取能取，引发真见。在通达位，如实通达。修习位中，如所见理，数数修习，伏断余障。至究竟位，出障圆明，能尽未来化有情类，复令悟入唯识相性。（《成唯识论》，《大正藏》第三一卷）

唯识宗将修行分为五个阶段，这五个阶段不断深化，乃是修行不断深化，提升自身佛性的过程。我们可以看到，在起初的两个阶段，修行之人仍然会受到世间俗务的障碍，从而仍然有主观客观之分。之后在通达位阶段，"实住唯识真胜义性"，从而能够"证真如"，逐渐取消主观客观的对立。后经修习位和究竟位的阶段，才能"断本识中二障粗重，故能转舍依他起上遍计所执，及能转得依他起中圆成实性"。这也就是最终"涅槃"的境界。

唯识宗与孟子所言的"立命"、"存心"、"事天"、"尽心"、"知性"、"知天"颇有相通之处。孟子说：

尽其心者，知其性也。知其性，则知天矣。存其心，养其性，所以事天也。夭寿不贰，修身以俟之，所以立命也。（《孟子·尽心上》）

孟子所言的"夭寿不贰，修身以俟之，所以立命也"是说人不管自己的寿命长短，都要修身来等待天命的到来。这是人修炼的第一阶段。在这一阶段，人和天是外在的，对立的，人并不知道自己的天命能否会到来。在第二阶段，也就是"存其心，养其性，所以事天也"，人能够不断通过存养本心来修炼自己的本性，使之逐渐至精至纯。但在这一阶段，人和天仍然是对立的，主观和客观仍然是对立的。因此，"事天"本身就像儿子侍奉父亲一样，虽然虔诚，但仍然与父亲是两个人。到第三阶段，也就是"尽其心者，知其性也。知其性，则知天矣"，人能够穷尽自己的本心，对自己的本性完全把握，从而能够与天合一，也就是"知天"。到了这一阶段，人和天才真正地合而为一，主观和客观的对立与区别才真正消失。

这样看来，唯识宗所言的第一、二阶段类似于孟子所言的"立命"阶段，而其第三阶段则类似于孟子所言的"事天"阶段，第四、五阶段则类似于孟子所言的"知天"阶段。二者所用的语言虽然不一样，但其主旨是通过自身的修炼，逐渐达到天人合一、人佛合一的境地。也正是在这一点上，佛家与儒家在深层形而上学的层面达成了一致，这也是后来佛家能够对宋明理学产生深远影响的主要原因。

第三章
治国思想的学习与实践

　　治国思想是关于治理国家和社会的思想原则和具体措施的综合体。相比起伦理道德哲学和形而上学来说,治国思想可能需要一个人付出更多的努力来学习并且在现实中加以实践。下面我们就来看一下儒家是如何在这一问题上加以思考的。

一、"学而知之"

对普通人而言，学习也许是获得知识的第一步也是最重要的一步。从这个意义上说，学习在增加个人知识，塑造个人知识体系方面发挥着关键作用。对孔子而言，有两种致知的方法——"生而知之者，上也；学而知之者，次也；困而学之，又其次也；困而不学，民斯为下矣"。(《论语·季氏》)

所以，致知的第一种方法是"生而知之"，但是孔子却没有明确地认定谁是那些"生而知之"的人。我们可以猜想这样的天才实在是太少了，以至于对他们的讨论并没有什么实际意义或哲学意义。事实上，孔子在这一段话里更加强调的是第二种获得知识的方法，那就是"学而知之"——通过学习来获得知识。如果人们想要获得知识，就必须乐意学习。

孔子承认自己并不是那种"生而知之"的人，而他的知识恰恰来源于勤奋的学习。在孔子看来，只有热爱学习的人才能被称为君子。他说："君子食无求饱，居无求安，敏于事而慎于言，就有道而正焉，可谓好学也已。"(《论语·学而》)孔子还强调了学习在获得知识上的重要作用。他说："吾尝终日不食，终夜不寝，以思，无益，不如学也。"(《论语·卫灵公》)因此，思考本身是无法赋予我们知识的。人需要去学习才能获得知识。

孟子也同样强调学习的重要作用。他写道："博学而详说之，将以反说约也。"(《孟子·离娄下》)对孟子而言，学习还能在维持国家稳定上发挥重要作用。他说："上无礼，下无学，贼民兴，丧无日矣。"(《孟子·离娄上》)而在和齐宣王的一段对话中，孟子还尝试劝说齐宣王不要忽略治理国家的知识。

但是，孟子和孔子在对"知"的认识上有所不同。对孟子来说，每个人都生而具备"知"的萌芽并且这一萌芽需要得到扩展才能成熟。孟子认为每个人都生而具备"良知"——"人之所不学而能者，其良能也；所不虑而知者，其良知也"（《孟子·尽心上》）。

所以，对孟子来说，"知"包含了自然赋予的知识；但是对孔子来说，尽管有一少部分人是生而知之，但大多数的人，知识是需要后天获取的。孔子关注在学习过程中，从经验中提取知识。然而，对孟子来说，我们生而就具有某种知识和追寻更多知识的潜力，因而学习就是一种呈现自己固有知识的过程。正如本杰明·史华兹提到的：

书（引者注：指《孟子》一书）中却有这样一种暗示，即对致力于实现他的善的潜能的人来说，学习来得很"容易"。在学习礼的规定、《诗经》的意义以及关于过去典章制度的知识的过程中，他立刻能从这些传统中辨认出那些深藏于他内心之中冲动的外在表现。[1]

尽管《论语》和《孟子》中关于"知"的观点都更多指涉道德客体而不是自然客体，但这两种不同观点还是能从西方哲学的经验主义与理性主义的论辩中找到可以类比的地方。经验主义者，如洛克和休谟主张"某种事物能被认知为真实的唯一方式是通过经

---

[1] ［美］本杰明·史华兹：《古代中国的思想世界》，程钢译，江苏人民出版社，2004年版，第289页。

验"[1]。当经验主义者否认了内在知识的可能性，经验（包括学习）就成为通向知识和智慧的唯一途径。理性主义者，如笛卡尔和康德则主张"我们所能认知为真实的东西的重要一部分只能独立于经验才能被认为是真实的"[2]。至少某些知识是内在的，而这种内在的知识使得通过其他方式认知的知识成为可能。他们认为直觉，而不是经验，才是知识的来源。这样，孔子在"知"这个方面更像一个经验主义者，尽管他并没有完全拒绝理性主义的立场；孟子则更多的是一个理性主义者；荀子更接近于孔子的经验主义倾向并把这种倾向继续加以推进。

较之孔孟，荀子更加强调后天学习在获得知识中的关键作用。在《荀子》一书中，甚至有一整章的题目就是《劝学》。荀子强调学习是一种让人变得智慧的步骤或方法。他写道：

吾尝终日而思矣，不如须臾之所学也。吾尝跂而望矣，不如登高之博见也。登高而招，臂非加长也，而见者远；顺风而呼，声非加疾也，而闻者彰。假舆马者，非利足也，而致千里；假舟楫者，非能水也，而绝江河。君子生非异也，善假于物也。（《荀子·劝学》）

既然我们内在的能力相当有限，我们就应该从他人那里学习知识，从而达成我们的目标。这是一条比单纯依赖自身能力更有效的途径。既然学习这么重要，如果一个人想要成为学识渊博的人，就应该在他有限的生命里不断学习。（参见《荀子·劝学》）

---

[1] Martijn Blaauw and Duncan Pritchard, *Epistemology A-Z*, New York: Palgrave Macmillan, 2005, p.47.

[2] Martijn Blaauw and Duncan Pritchard, *Epistemology A-Z*, New York: Palgrave Macmillan, 2005, p.123.

荀子为什么这样强调学习呢？原因恐怕是因为荀子不相信世界上会有那种"生而知之"的天才。实际上，人们生来只是具备同样的学习能力，即"君子生非异也，善假于物也"（《荀子·劝学》）。这样，荀子的观点在某种程度上与孟子的观点相左。对孟子而言，所有人都具备知识的萌芽和内在的知识（良知），而我们要学习只是为了要增加或拓展我们已有的知识，虽然它还只是处于初级阶段。荀子在这个学习的基本前提上不同于孟子。荀子认为人们没有天赋的知识，他们最多只是具备同样的学习能力，而人们之所以要学习只是因为他们要获得以前没有的知识。所以，虽然孟子和荀子都劝说人们去学习，但他们劝说的基本前提是不同的。在考察了荀子的学习观之后，史华兹坦率地指出了荀子在学习上的观点要比孟子更加接近于孔子：

> 荀子的学习观与《论语》的学习观十分相近，至少在这个领域他似乎要比孟子更接近于《论语》。……人们确实会有这样的感觉：尽管孔子坚持认为，在各种学习的背后存在着"统一性"，他还是欣赏荀子对于不间断的、积累性的具体学习行为的重视，而多少对孟子"直觉性"的通见中所表现出的"简单化"的信心表示失望。知识必须从外面获得。[1]

无独有偶，傅斯年先生也认为荀子在学习上的态度实际上返回到孔子的正传。他说：

> 荀子之论学，虽与孟子相违，然并非超脱于儒家之外，而实为

---

[1] [美]本杰明·史华兹：《古代中国的思想世界》，程钢译，江苏人民出版社，2004年版，第307页。

孔子之正传，盖孟子别走新路，荀子又返其本源也。自孔子"克己复礼"之说引申之到极端，必有以性伪分善恶之论。自"非生而知之，好古敏以求之"之说发挥之，其义将如《劝学》之篇。颜渊曰，"夫子博我以文，约我以礼"，此固荀子言学之方也。若夫"非礼勿视，非礼勿听，非礼勿言，非礼勿动"，以及"好仁不好学，其蔽也愚；好知不好学，其蔽也荡"等语，皆是荀学之根本。[1]

荀子之所以与孔子在学习的见解上更加一致，其根本原因也许在于孔子和荀子对人类局限性的深刻体会。狄百瑞（Wm. Theodore Ode Bary）曾指出：

孔子对学习的赞美恰恰来自于他对人类局限性的深刻体会。孔子意识到需要接受人的局限性，它是人们培养才能，发展潜能，扩大知识面的前提。……正是由于这一认识，儒家思想中才发出了先知的声音，批评人类的弱点和错误；也正是由于这一认识，先知的声音才避免了自以为是或者夸张的语气。[2]

虽然孔子、孟子和荀子都提倡学习，但他们在学习内容上的见解各有不同。《论语》上说："子以四教：文，行，忠，信。"（《论语·述而》）在这里，"文"包括了文学，礼仪，音乐和风俗。对孔子而言，"文"主要是指周朝的传统。子曰："周监于二代，郁郁乎文哉！吾从周。"（《论语·八佾》）

---

[1] 傅斯年：《性命古训辨证》，广西师范大学出版社，2006年版，第150～151页。

[2] [美]狄百瑞：《儒家的困境》，黄水婴译，北京大学出版社，2009年版，第46～47页。

在孔子心目中，周朝的传统提供了一种理想的社会国家模型。这样，应该学习和传递的知识就超越了单纯对客观事物的认知，而成为一种理解、保留和传播周朝珍贵文化遗产的过程。孔子并没有关注很多自然界的知识。事实上，他更关注人类自身的文化和传统。在这种情况下，珍视和遵从周朝文化传统并且把它传递到后世就成为孔子所关心的内容。周朝传统的核心内容是周礼（参见《论语·为政》），而周礼在历史上可以追溯到西周这一"黄金时代"。正是在这个意义上，孔子提倡周礼作为学习的最重要内容。我们也许会疑惑孔子为什么会认为周礼是周朝文化传统中最辉煌的部分和学习的最重要内容。是不是在周礼中有一些孔子特别感兴趣的东西呢？要回答这些问题，我们就要先回顾一下礼的历史。

礼在最初只是原始人类用来崇拜神灵的一种宗教形式。在原始社会，巫术、神话及各种仪式表演都是礼的主要内容。在这一时期，礼还没有形成政治或道德的含义；它只是一种宗教实践和信仰的形式。到了夏商周时期，礼的含义不再局限于宗教领域，而是扩展到政治和道德领域。在商代，礼是一种能够保证政治秩序和军事胜利的工具；而到了周代，礼不再只是一种政治工具，而更是一种展示政治权威道德力量的礼仪系统。[1] 在孔子看来，礼是一种维持良好社会政治秩序的重要工具。孔子说："君使臣以礼，臣事君以忠。"（《论语·八佾》）在这里，礼就是规范君主和臣子如何在宫廷之上发挥自己政治功用的规则。对孔子而言，不只是宫廷，国家也需要用礼来治理。子曰："能以礼让为国乎，何有！不能以礼让为国，如礼何！"（《论语·里仁》）除了政治领域，礼还应用于家庭中。孔子说："生，事之以礼；死，葬之以礼，祭之以礼。"

---

[1] 王国维：《殷周制度论》，载佛雏编：《二十世纪中国学术文化随笔大系 王国维——学术文化随笔》，中国青年出版社，1996年版，第269页。

(《论语·为政》)

这样，礼的社会政治功能似乎跟人们在一个阶级社会中所担负的不同角色紧密相关。除了政治和社会功能，礼还具有重要的道德教化功能。对孔子而言，礼所包含的仪式表演能使人们充分浸淫于其中，从而成就"仁"的道德理想。当被问到礼的基础时，孔子答曰："大哉问！礼，与其奢也，宁俭；丧，与其易也，宁戚。"(《论语·八佾》)

在孔子看来，周礼代表了最灿烂的古代文化，所以它应该在他的时代甚至后世重新加以确立。孔子生活的时代是春秋战国时期，这一时期是先秦政治和社会开始逐渐混乱的年代。虽然西周有着辉煌灿烂的文化，但这些曾经盛极一时的文化到了孔子的时代却变得逐渐衰微甚至消亡，整个社会处于一种"礼崩乐坏"的局面。这一局面让孔子感觉他有责任重新树立光辉灿烂的周礼文化。要恢复周礼文化，就意味着要熟悉礼的各种具体规定，而遵循这些具体规定才能培养一个人的道德。只有礼成为学习的核心内容，君臣父子之间的良好秩序才能实现，社会才会变得有秩序而周礼才能在他的时代恢复。正如孔子所主张的，良好社会秩序的形成来源于社会中的每个人都能道德地作为，以履行他们的社会角色或地位所规定的责任。正如史华兹教授提到的：

中国的经书注疏传统一再强调，礼的作用就在于教育人们在社会中完好地扮演各自的角色；要维持社会的和谐，离不开如下的事实：每个人都按照他在更大的整体中所应该做的那样去履行职责。尽管这也许就是芬格莱特所说的"神圣共同体"，但必须承认：在普世的世界秩序中，等级制、身份与权威等也仍有存在的必要。"礼"的终极目的是要赋予等级制与权威以人情的魅力，但肯定也意味着要维护并澄清它的基础。

依靠礼而把它们凝聚到一起的秩序并不只是一种仪式性的秩序，还是地地道道的社会政治秩序，它包括等级制、权威与权力在内。在家庭内部，家庭生活的礼并不会自动实现，需要父亲充当权威与权力之活生生的本源。礼本身也必须支持这一权威。这一点，对于整个社会政治秩序来说更是正确的。如果不存在着那种普遍王权，以便让有德行的君王能够藉以影响整个社会，单独的礼也就不能最终实现，因而礼必须从各个方面来支持王权的典章制度。《论语》中礼的体系要以等级制与权威的网络自身为前提，并意在强化这一网络。[1]

孔子认为，良好社会秩序的实现必须要通过礼的等级制和权威性来加以实现。虽然孔子也主张在礼的每个等级之上，人们需要进行道德地作为，但礼毕竟是这样一种框架，使得人们都先被预设到这样一种社会的需求之上。因此，这就要求人们首先要熟悉礼的规范形式，并遵循它以培养人们的德行。这就是孔子认为礼是学习的一项重要内容的原因。[2]

礼并不是学习的全部内容，尽管它是最重要的一部分。在孔子眼中，除了礼，还有其他值得学习的东西，比如文学。在《论语》中，孔子表达了对学诗的关注——"不学诗，无以言"（《论语·季氏》）。《诗经》是中国最早的诗集，可以追溯到西周时期。它包含了三百多首诗歌，是中国古代文学的杰出代表。孔子之所以把《诗》看作是学习的一项重要内容是因为它能提高人们的语言表达能力。除了

---

[1]　[美]本杰明·史华兹：《古代中国的思想世界》，程钢译，江苏人民出版社，2004年版，第69页。

[2]　在和他的儿子——孔鲤的对话中，孔子显示了对学礼的关注。（参见《论语·季氏》）

传统文学外，学习的内容还包括了体育训练的课程。

从孔子所创立的作为孔门弟子所学习的"六艺"——礼仪、音乐、射箭、马术、写作以及算术，我们可以很清楚地看出学习是一项需要一个人全身心投入的事业，而文献资料虽然很重要，也只是学者生涯中的一个组成部分而已。[1]

对孔子来说，体育训练和把我们所学到的知识付诸实践就是"行"。其他两项学习的内容是"忠"和"信"，它们主要指人们之间的道德和伦理关系。在这两个方面，孔子主要是想告诉人们应怎样以忠事君和以诚交友。

这样，孔子提供了一系列塑造秩序社会和德行民众的课程。然而，孔子的这种博学课程在孟子那里却变得不平衡、不完整了。孟子说："设为庠序学校以教之。庠者，养也；校者，教也；序者，射也。夏曰校，殷曰序，周曰庠；学则三代共之，皆所以明人伦也。人伦明于上，小民亲于下。"（《孟子·滕文公上》）对孟子来说，建立学校是为了教育人们学习和理解"人伦"。那么什么是"人伦"呢？孟子说："圣人有忧之，使契为司徒，教以人伦，父子有亲，君臣有义，夫妇有别，长幼有序，朋友有信。"（《孟子·滕文公上》）

这样，在孟子的文本中，"人伦"就是指在家庭成员、朋友和其他人之间存在的各种伦理关系和秩序，而这些伦理关系和秩序就指涉了在社会中的各个个体所应该拥有的各种各样的道德品质。孟子认为人们需要学习的就是这些在不同情境之中的伦理道德关系和

---

[1] David L. Hall and Roger T. Ames, *Thinking Through Confucius*, New York: State University of New York Press, 1987, p. 45.

秩序，而不是孔子所强调的以"礼"为核心的学习内容。[1]这就弱化了儒家思想的制度化层面，使得儒家思想不得不面临各种理论挑战和质疑。孟子生活在各大诸侯国征伐不断，社会混乱不堪的战国中后期。在这一时代，人们比以往更加需要一种稳定的社会政治秩序。"礼"作为一种社会政治工具理应比它在孔子时代发挥更重要的政治作用，因而"礼"也就更应该成为学习的核心内容。孟子对"礼"的轻视使得儒家政治理想更加难以实现。

孟子相信，只要人们能够通过学习道德关系和伦理秩序培养自己成为道德的人，并且把这一道德品质推及他人，社会就会变得稳定而人们也会生活幸福。（参见《孟子·梁惠王上》）事实上，孟子这种只依靠学习道德关系和伦理秩序来实现理想社会秩序的途径似乎显得过于理想化了。实际上，即使人们能够被培养成为有道德的人，一个社会恐怕也不能因此就自发地成为有秩序的社会。一个有秩序的社会需要更多的东西，这就是协调和组织。这样，礼就进入了我们的视野。

与孔子相似，荀子也认为经典文本是知识的一个重要来源。他说："学恶乎始？恶乎终？曰：其数则始乎诵经，终乎读礼；其义则始乎为士，终乎为圣人。"（《荀子·劝学》）虽然我们不能完全确定"经"在荀子的时代具体涵盖了哪些文本，但它至少应该包括《诗》、《书》、《乐》、《春秋》这四种经典文本。尽管这些不同文本

---

[1] 正如史华兹教授所提到的，虽然对孟子来说，学习的内容未尝不包括"礼"，但这种"礼"似乎更多的是指与"礼"的精神相符的内在态度，而不是指作为具体规定集合体的"礼"。……"正确行事"（义）的概念，覆盖了私人生活和公共生活的变化无穷的具体情境，它看来更为重要，并且看来要高于"礼"。（见[美]本杰明·史华兹：《古代中国的思想世界》，程钢译，江苏人民出版社，2004年版，第280～281页。）

涵盖了不同的内容（"经"涵盖了与古代历史、文学、音乐及政治相关的内容，而"礼"则记载了各种礼仪与规则），但它们的内在精神都指向"圣王之道"。荀子曰："百王之道一是矣。故诗书礼乐之归是矣。诗言是其志也，书言是其事也，礼言是其行也，乐言是其和也，春秋言是其微也。"（《荀子·儒效》）所以，"经"与"礼"是学习的必备科目。虽然如此，在荀子眼中，"经"和"礼"也是有主次之分的。荀子认为对"礼"的学习要比对"经"的学习更加重要。荀子说：

逢衣浅带，解果其冠，略法先王而足乱世术，缪学杂举，不知法后王而一制度，不知隆礼义而杀诗书，……是俗儒者也。（《荀子·儒效》）

上不能好其人，下不能隆礼，安特将学杂识志顺《诗》、《书》而已耳！则末世穷年，不免为陋儒而已！（《荀子·劝学》）

这样，与孟子的学说相左而更贴近孔子的学说，荀子强调了"礼"作为最值得学习的内容。除了经典文本之外，根源于实践和现实经验的来自师长的指导也是一项重要的学习资源。荀子说："礼乐法而不说，诗书故而不切，春秋约而不速。方其人之习君子之说，则尊以偏矣，周于世矣。故曰：学莫便乎近其人。"（《荀子·劝学》）荀子认为，这些经典往往语焉不详，所以它们需要用君子的洞见和阐释才能得以理解。人们能够清楚地知道这些经典表达了什么含义，才能将这些经典应用于具体的境况和语境之中。因此，一个人除了阅读经典以外，还需要从君子那里学习。君子是一个能够对世间事务洞察秋毫的道德楷模。一个人只有在掌握了经典的文本内容并且将它应用于实际之后，才能被认为是有知识的人。那么，这种应用于实际的知识又是什么呢？荀子说：

故学也者，固学止之也。恶乎止之？曰：止诸至足。曷谓至足？曰：圣王。圣也者，尽伦者也；王也者，尽制者也；两尽者，足以为天下极矣。故学者以圣王为师。(《荀子·解蔽》)

正是从圣王那里我们学到了"圣"道和"王"道。"圣"道包含了人们之间的各种道德关系和伦理秩序，而"王"道则包含了各种政治规则和政府制度，也就是以礼为主导的儒家社会政治学说。这样，荀子认为道德学习和政治学习应该同样重要。荀子没有像孟子那样假定这两者总是自然地结合在一起。实际上，只依赖道德学习本身未必能自发产生一个好的政府和社会。正因如此，荀子强调道德学习和政治学习要结合在一起。荀子说：

请问为人君，曰：以礼分施，均遍而不偏。请问为人臣，曰：以礼待君，忠顺而不懈。请问为人父，曰：宽惠而有礼。请问为人子？曰：敬爱而致文。……审之礼也。(《荀子·君道》)

与孟子相比，荀子强调学习的内容不应只包括人们之间各种各样的道德关系和伦理秩序，还应该包含以礼为主导的政治和社会规范。从这点上来说，荀子学说是对孔子学说的重新确立。对孔子来说，文、行、忠、信，也就是政治学习和道德学习必须紧密结合在一起，才能产生适合于时代的学说并最终实现儒家理想。荀子在这个方面遵循了孔子的学说，把礼（政治学习）与忠和信（道德学习）在个人实践（行）的层面上展开。通过强调政治学习的重要性，荀子挽救了儒家学说陷入孟子理想主义之中而不能实现儒家政治理想的境地。在这个意义上，我们可以说荀子关于学习的学说是对孟子理想主义偏见的矫正和对孔子的回归。

在荀子看来，除了礼以外，法也应该包含在学习的内容之中。

在《荀子》中，法经常意为"法律"，特别是当出现在"礼法"这一术语中时。荀子说："出若入若，天下莫不平均，莫不治辩。是百王之所同也，而礼法之大分也。"(《荀子·王霸》) 荀子似乎是用礼和法来表示能够维持正常社会秩序的政治制度。[1] 荀子说：

> 上莫不致爱其下，而制之以礼。上之于下，如保赤子，政令制度，所以接下之人百姓，有不理者如豪末，则虽孤独鳏寡必不加焉。故下之亲上，欢如父母，可杀而不可使不顺。君臣上下，贵贱长幼，至于庶人，莫不以是为隆正；然后皆内自省，以谨于分。是百王之所以同也，而礼法之枢要也。(《荀子·王霸》)

因此，荀子说："学也者，礼法也。"(《荀子·修身》) 荀子强调学习礼和法的必要性。荀子这种广博的学习视野让我们不禁联想起孔子的类似观点。对荀子和孔子而言，只有当学习不再局限于以前的视野，人们才会具备以开放的心胸去准备学习与他们时代更加相符，并且也更能有效地实现儒家理想的知识。

尽管对荀子来说，所有人都应该学习礼和法，但并不是所有人都能理解礼和法的含义。荀子说："礼者，众人法而不知，圣人法而知之。"(《荀子·法行》) 然而，即便人们不能理解礼和法的意义，他们仍然可以学习和遵循它们，从而至少行为得体。荀子说："知则明通而类，愚则端悫而法。"(《荀子·不苟》) 通过师长和道德权威的指导，在人们即便不理解礼和法具体含义的情况下，也能与礼法保持一致，从而维护良好的社会秩序。这样，师长和道德楷模的

---

[1] 在 Knoblock 的英译本《荀子》中，对礼法的翻译并不总是一致。有时他将"法"翻译为"模范"。然而我认为将"法"翻译成"法律"的确会对文本的一贯理解提供帮助。这种用法的例子请参见《荀子·劝学》。

权威力量在荀子学说中的地位就显得尤为重要。

实际上，在荀子眼中，师长和道德楷模就是权威，而他们的学说应该被提升到最高层次从而使我们可以一步步地遵从。荀子说："故有师法者，人之大宝也；无师法者，人之大殃也。"（《荀子·儒效》）对荀子来说，正是师长和道德楷模将学到的知识应用到现实中。正因如此，荀子提高了师长的权威性。正像荷理·克里尔（Herrlee G. Creel）所说："正是荀子把他（师长——译者注）提升到天上去了。"[1]

与此形成对比的是，孔子并没有把师长提升到如此之高的地位。孔子说："三人行，必有我师焉；择其善者而从之，其不善者而改之。"（《论语·述而》）这段话似乎与那种认为师长是一贯正确且无可指责的观点相冲突。因为任何人如果都能成为老师，那就没有证实老师言论绝对正确性的方法，而如果没有这种证实的方法，学生就完全可以按照自己的意愿来做。正因如此，孔子坚持认为学生应当使用自己的鉴别力来判断他从老师那里得来的知识，而老师的知识只是一种辅助性的力量，并不是真理的核心来源。因此，师长的权威性被孔子降低了。

孟子也强调了师长在鼓励学生获得道德知识上的重要性。然而，与孔子相仿，孟子提升了学习自我激发的必要性，正是学生自己而不是老师是学习的主要推动力，正像我们在《孟子·尽心上》和其他章节中看到的那样。在孟子看来，师长应该启发学生自己去追寻

---

[1] Herrlee G. Creel, *Chinese Thought from Confucius to Mao Tse-tung*, Chicago: The University of Chicago Press, 1953, p. 124.

知识。[1]

这样，无论孔子还是孟子都同样强调学生在学习中的主动作用。孔子相信一些人是生而知之的，而孟子则强调人性本善。所以，即便学生没有师长的教导，他们也能通过自己独立的学习而成为有道德的人。然而，现实也许与孔孟的理念相违。在现实中，自我学习也许是不可能的，或者至少不可能是普遍的。实际上，即便老师帮助学生学习，学生自己也许仍然不热爱学习，更别说将学到的知识应用于实际。这样，孔子和孟子似乎都不能有效地劝说人们去学习道德知识并成为有道德的人。在这个意义上，荀子强调了师长和道德权威的重要性以赋予他们更强的道德感染力，从而使人们愿意遵从和学习他们所颁布的以礼法为核心的政治规则并最终成为有道德的人。正如杜维明先生观察到的那样：

由荀子所塑造的儒家事业，将学习视为一个社会化的过程。对于转化人性，诸如古代圣贤、经典传统、习俗规范、师长、政府规章制度以及政府官员等等，所有这些都是重要的资源。一个有教养的人是一个人类社群的充分社会化的参与者，他或她成功地升华了

---

[1] 孟子说："梓匠轮舆能与人规矩，不能使人巧。"（《孟子·尽心下》）又说："君子引而不发，跃如也。中道而立，能者从之。"（《孟子·尽心上》）在第一段中，孟子把师长比作木匠。他认为师长的作用就在于教给学生学习的规则，而至于学生能否变得有学识或技术熟练就只能靠他自己了。在第二段中，孟子把师长比作聪明的射箭师。箭师应该指导他的学生如何自己射箭而不是帮他们射箭。

自己的本能要求，去促进社会的公益。[1]

在荀子看来，人们也许不愿意学习和遵从这些规范性的政治规则。然而，具有道德魅力的师长可以有效地推动人们遵从他的教导。通过模仿师长，人们也许会变得愿意学习。而随着时代的前进，当人们意识到这些政治规则能够给他们自己和整个社会带来实际利益的时候，他们就会有可能更加愿意学习并且遵从它们。这样，社会最终会变得有秩序。在这个意义上，荀子提供了一种有效解决孔孟在教育方面问题的方法。

尽管荀子认为人们应该尽力学习和理解礼和法，但他并没有认为礼和法是由普通人创造的。一个普通人也许只需要知道怎样学习、理解和遵从礼和法，而创造礼和法的任务理应由圣人来承担。那么，圣人是怎样创造出礼和法的呢？对荀子而言，这就要求圣人具备不同寻常的"思"。

---

[1] Tu Wei-ming, "Confucianism," in Arvind Sharma (ed.), *Our Religions*, San Francisco: HarperSanFrancisco, 1993, p. 160. 中译本见于杜维明：《东亚价值与多元现代性》，彭国翔译，中国社会科学出版社，2001年版。

二、"思"与"虑"

思可以被理解为与感觉或情感相对应的"理性思考"。然而,如果只把思理解为理性思考,则有可能会忽略这个字所蕴含的更宽泛的含义。实际上,思还有"注意""关注""意欲"和"想念"某个人或东西的含义。

孔子强调学与思的结合并且认为这两者的结合是构建知识的必要条件。"学而不思则罔,思而不学则殆"(《论语·为政》)说的就是这个意思。在这里,思似乎意味着思考我们所学到的东西。在这个意义上,思可以被理解为理性思考。对孔子而言,如果人们只沉迷于学习而不重思考,他们就会迷失在学习书籍或模仿他人之中。相反,如果人们完全依赖思考而不去学习,结果也许会更糟——这种没有根基和空洞的思考可能会转移一个人对真正问题的关注,或会产生一些不切实际的解决方法。这样,在孔子看来,学习和思考应该紧密地结合在一起,忽略任何一个方面都会导致无知。本杰明·史华兹(Benjamin I. Schwartz)教授曾指出:

> 对孔子而言,知识肯定始于由大量的殊相(particulars)(然而,殊相中也包括诸如一首诗的意义之类的东西)所组成的积累性的经验性知识,然后,还必须包括把这些殊相关联起来的能力,其步骤是:首先与人们自身的经验,最终还必须与某种将思想过程结合到

一起的"统一性"关联起来。[1]

思不仅在思考我们所学到的东西这个意义上与学习相关，安乐哲（Roger T. Ames）更进一步认为，思对孔子来说是一种把自己所学应用于当下境况（circumstances）的能力。他说："一个人必须创造性地利用文化，不仅要让它适用于当前的时间和地点，还要让它成为一种实现自身可能性的结构。他必须辛勤地获知从古时传递而来的文化但同时必须能够进一步地适应当前条件的可能性。"[2]在这种情况下，思的过程也提供了一种将自己所学应用于当下境况的方法。在孔子看来，先前主要用于宗教领域的礼应该在春秋时期融合更多政治和道德的考量。礼不能被仅仅当作一种宗教仪式，它同时还是一种稳定社会政治秩序的工具和实现道德理想的手段。这样，通过思的作用，一个人对礼的学习就扩展到政治和道德领域中，从而个人的学习也就和社会的政治稳定和公民道德修养联系在一起。孔子说："君子有九思：视思明，听思聪，色思温，貌思恭，言思忠，事思敬，疑思问，忿思难，见得思义。"（《论语·季氏》）在这里，思可以被理解为"意欲做某事"，"注意"或"集中精力干"。在这段话中，孔子具体展示了在各种政治和道德境况中的最佳实践方式。通过思的过程，一个人才能将他所学到的礼和其他道德观念应用于现实的场景中。通过这一过程，秩序化的社会才得以形成而道德君子才被塑造。

通过对思的多元化使用，我们可以看出孔子希望人们能够把思

---

[1] [美]本杰明·史华兹：《古代中国的思想世界》，程钢译，江苏人民出版社，2004年版，第89～90页。

[2] David L. Hall and Roger T. Ames, *Thinking Through Confucius*, New York: State University of New York Press, 1987, p. 48.

融入学中,从而能够深入理解所学的东西,把所学的东西应用于当前境况,并在他们无论处于何种境况下都想成为道德的人。

在《孟子》中,思也有思考的含义。对孟子来说,思是心的功能。"心之官则思,思则得之,不思则不得也。"(《孟子·告子上》)由于孟子宣称人生而具有道德萌芽,而这一道德萌芽如果不加以扩展就会消亡,思就在发展这一道德萌芽成为成熟道德品质的过程中发挥着重要作用。孟子说:"仁义礼智,非由外铄我也,我固有之也,弗思耳矣。故曰:'求则得之,舍则失之。'"(《孟子·告子上》)

对孟子来说,每个人都有道德萌芽和思的能力。在这种情况下,每个人都能发现指导自己行为的道德准则。正是通过思的过程,人们心中的道德萌芽得以生长,而这自然就会带来良好的社会秩序。然而在实际上,礼的萌芽——"辞让之心"的道德发展也并不足以给一个社会带来安定的秩序。即便"辞让之心"能够发展成熟并呈现为礼,它也不是一个混乱的社会所亟须的用来稳定社会秩序的政治规则。孟子只是强调了孔子学说的道德方面,认为思只和道德思考相关,但与政治考虑无关。在这种情况下,孟子关于思的学说就不能提供一种内在连贯的指导实现儒家政治理想的现实途径。

孟子的道德心理学似乎过于理想化以至于在现实中难以实现。孟子的理论不能逃避这样一种诘问,即人们在面临生存危机时,为什么还能自觉发展自己的道德萌芽?即便这一诘问能够被解决,那也并不意味着一种良好的社会政治秩序就会因为人们的道德自觉意识而自然产生。一个秩序化的社会需要更多规范性的制度来保护大多数人的利益和控制犯罪,而这些不能单单由内在的道德发展来提供。

在《荀子》这一文本中,思有多重含义,其中也包括了思考和思念等义。荀子拓展了孔子关于学与思相辅相成的思想。荀子说:"君子知夫不全不粹之不足以为美也,故诵数以贯之,思索以通之,为其人以处之，除其害者以持养之。"（《荀子·劝学》）在这里，思可以被理解为思考和充分理解我们所学到的东西。[1] 在荀子看来，我们应该学会思考和理解礼的含义。"今人之性，固无礼义，故强学而求有之也；性不知礼义，故思虑而求知之也。"（《荀子·性恶》）除了礼之外，荀子还强调要思考法律并深入理解它的含义。荀子说："不知法之义，而正法之数者，虽博临事必乱。"（《荀子·君道》）

在《荀子》中，思有时也用来表示思念之情。[2] 除了这两种含义，思还有一种更重要的含义。荀子说："礼之中焉能思索，谓之能虑。"（《荀子·礼论》）在这里，荀子把思与虑联系起来，这是对思的重要发展。对荀子来说，虑不仅意味着充分理解礼的含义，还有考虑行动可能造成的影响之义。荀子说："见其可欲也，则必前后虑其可恶也者；见其可利也，则必前后虑其可害也者，而兼权之，孰计之，然后定其欲恶取舍。"（《荀子·不苟》）这样，虑就被赋予了一种重要含义，即我们应该在采取行动之前权衡所有可能的影响和因素。这就意味着一个人所采取的行动不仅可以影响当下，而且还可能影响未来。[3] 这样，进入考虑范围的就应当包括长期的影响。就像柯雄文（A. S. Cua）指出的那样：

> 思虑在最开始关注的是当下的复杂性。它最关注的是：如果追求当前欲望，它的直接后果为何。但是当前局势可能是一种紧急的局势，也就是说，一种全新的境况以至于我们过去的经验不能给我

---

[1] 关于这种用法的其他例子，请参照《荀子》的《礼论》《解蔽》篇。

[2] 荀子说："故三月之葬，其貌以生设饰死者也，殆非直留死者以安生也，是致隆思慕之义也。"（《荀子·礼论》）

[3] 荀子关于这一问题的洞见也发展了《论语·卫灵公》中的相关思想，在这章里，孔子说："人无远虑，必有近忧。"

们提供足够的向导。它也可能是另外一种境况,在这境况中决定呈现为一种行动的计划。在这种情况下,行为人自身就不能只满足于对当下行为直接后果的考量,而必须要关注这一行为的长远影响。用荀子的话说,这就是"常虑顾后"。[1]

在荀子看来,一个人在实施某种策略之前应该充分考虑到当前的现实和实施这一策略的长远影响。这就是说,当一个统治者考虑到战国后期的时代需求和推行礼的长远影响后,他就应该把礼变成一种维持社会政治秩序的重要工具。

对荀子来说,只有圣人才能够积累他的学和思从而创造出礼和法。通过圣人的学习,他能够获得关于礼的基本知识。而当他运用思的时候,他就能充分理解它的含义并把它应用于当前的境况。荀子说:"圣人积思虑,习伪故,以生礼义而起法度。"(《荀子·性恶》)

在荀子看来,因为圣人生活在混乱的时代,他应该现实地运用他的思来使礼变得更加政治化和规范化,同时确立法律来维护正常的社会政治秩序。孟子这种通过道德修养来达成良好社会政治秩序的模式对战国晚期的社会现实来说过于理想化了。这个时代需要的是一种有效的维持社会政治秩序的政治系统。这样,在实现这种政治目的的背景下,时代就迫切需要礼和法的出现。对荀子来说,当圣人的学与思结合在一起并不断积累的时候,能够适应于战国后期时代的礼和法就诞生了。

尽管荀子强调礼在政治上的重要性,他并没有忽略礼的道德功用。实际上,对荀子来说,政治化的礼也会产生我们所需要的道德品质。荀子说:"礼者,所以正身也,……礼然而然,则是情安礼

---

[1] 原文见于:A. S. Cua, "Xunzi", in A.S. Cua (ed.), *Encyclopedia of Chinese Philosophy*, New York: Routledge, 2003, p. 826.

也,……情安礼,知若师,则是圣人也。"(《荀子·修身》)在这个意义上,学习礼的知识并且按照礼的标准来行动将会帮助一个人最终实现仁的道德目标。这样,通过对思的现实化解读,荀子发现了一种实现良好社会政治秩序和道德君子的有效工具,而这二者正是儒家政治与道德理想的基石。

然而,即便荀子强调了思在思考我们所学和应用我们所学于战国后期的道德和政治现实的重要性,这并不意味着荀子真的以为所有人都能达到这种充分理解自己所学并把它应用于实践的水平。实际上,荀子承认了人们在道德和政治意识上的不同层次。他说:"礼之中焉能思索,谓之能虑;礼之中焉能勿易,谓之能固。能虑、能固,加好者焉,斯圣人矣。"(《荀子·礼论》)对荀子来说,只有那些不仅遵循礼而且能够思考并喜爱礼的人才能被称作圣人。然而,对一个普通人而言,即便他能紧紧地遵循礼,他也许不能充分地思考和理解它,更不用说喜爱它。(参见《荀子·礼论》)因此,思把道德提升到一种不是所有人都能达到的层次,或者对这一高层次的实现至少是有先有后,而我们也必须从最低的道德要求做起。正是在这个意义上,荀子强调我们应该从师长和道德楷模那里学习知识。

虽然荀子认为圣人是唯一能够理解礼的真实含义并思考将之应用于当前实际的人,而普通人也许不能通过他们自己来产生礼和法,但是思在获取道德知识及提供政治教育模式(礼和法)方面起到的重要作用是毋庸置疑的。

三、"正名"

在荀子看来，要维护儒家之道还需要经过一个过程，那就是"正名"。儒家的"正名"思想肇始于孔子。在和学生子路的对话中，孔子说："名不正，则言不顺；言不顺，则事不成；事不成，则礼乐不兴；礼乐不兴，则刑罚不中；刑罚不中，则民无所措手足。"（《论语·子路》）正如一些学者注意到的，"名"在这里不只是指事物在语言学上的名称，还是"和社会政治地位相关联的社会规范"[1]。在这个意义上，"正名"就意味着要校正当前的社会政治秩序而使礼具备它所应当具备的意义。在孔子时代，社会陷入混乱之中，曾经辉煌一时的周礼也被废弃。在这种情况下，如果社会政治秩序不能矫正，周礼将会变成一种空洞的形式而失去它所应该具有的政治和社会功能。那么，在孔子看来，什么才是正常的社会政治秩序呢？孔子说："君，君；臣，臣；父，父；子，子。"（《论语·颜渊》）

在孔子看来，君、臣、父、子应该在一个秩序化的社会中做他们所应该做的事。这就是，君主应该用仁来统治国家，保证广大人民的利益并且把他们教育成为有道德的人；臣子们应该用忠诚来效忠君主；父亲应该用仁来带领一个家庭并使家庭成员都能获得幸福；儿子应该用孝顺来回报父亲。在孔子看来，一个良好社会秩序的产生来自于社会中的每个成员都能依据他们的社会角色或地位来

---

[1] Karyn Lai, *Learning from Chinese Philosophies*, Hampshire and Burlington: Ashgate Publishing, 2006, p.64.

道德地作为。

胡适先生指出，孔子的"正名"说是针对当时"学识思想界混乱'无政府'的怪现象，……以为天下的病根在于思想界没有公认的是非真伪的标准"[1]。在荀子看来，"正名"同样是为了矫正当时社会上对于语言的滥用，使名实相符，从而维护社会秩序的稳定和等级制度的清晰。荀子说：

故王者之制名，名定而实辨，道行而志通，则慎率民而一焉。故析辞擅作名，以乱正名，使民疑惑，民多辨讼，则谓之大奸。其罪犹为符节度量之罪也。故其民莫敢托为奇辞以乱正名，故其民悫；悫则易使，易使则公。其民莫敢托为奇辞以乱正名，故壹于道法，而谨于循令矣。如是则其迹长矣。迹长功成，治之极也，是谨于守名约之功也。

今圣王没，名守慢，奇辞起，名实乱，是非之形不明，则虽守法之吏，诵数之儒，亦皆乱也。若有王者起，必将有循于旧名，有作于新名。然则所为有名，与所缘以同异，与制名之枢要，不可不察也。（《荀子·正名》）

在荀子看来，"正名"具有重要的现实意义。荀子指出，在战国时代，各种学说纷纷出现，莫衷一是，在这其中有"纵情性，安恣睢，禽兽行，不足以合文通治；然而其持之有故，其言之成理，足以欺惑愚众"的它嚣、魏牟；有"忍情性，綦溪利跂，苟以分异人为高，不足以合大众，明大分，然而其持之有故，其言之成理，足以欺惑愚众"的陈仲、史鰌；更有"不知壹天下建国家之权称，上功用，大俭约而僈差等，曾不足以容辨异，县君臣；然而其持之

---

[1] 胡适：《中国哲学史大纲》，东方出版社，1996年版，第71页。

有故，其言之成理，足以欺惑愚众"的墨翟、宋钘；"尚法而无法，下修而好作，上则取听于上，下则取从于俗，终日言成文典，反䌷察之，则倜然无所归宿，不可以经国定分；然而其持之有故，其言之成理，足以欺惑愚众"的慎到、田骈；以及"不法先王，不是礼义，而好治怪说，玩琦辞，甚察而不惠，辩而无用，多事而寡功，不可以为治纲纪；然而其持之有故，其言之成理，足以欺惑愚众"的惠施、邓析（见《荀子·非十二子》）。在荀子看来，所有这些人的学说都对当时的思想界造成了极大的混乱，使得儒家学说不能行于世。儒家学说要成为占据统治地位的学说，不仅要使自身具备说服力，还必须要回应这些其他学派提出的挑战。在这种学术背景下，荀子重新提出了正名学说。

荀子正名学说的提出不仅有其学术背景，还有其具体的历史社会环境。在《尧问》中，我们发现一段可能是由他的弟子写的一段话：

为说者曰："孙卿不及孔子。"是不然。孙卿迫于乱世，鳅于严刑，上无贤主，下遇暴秦；礼义不行，教化不成；仁者绌约，天下冥冥；行全刺之，诸侯大倾。当是时也，知者不得虑，能者不得治，贤者不得使。故君上蔽而无睹，贤人距而不受。然则孙卿怀将圣之心，蒙佯狂之色，视天下以愚。（《荀子·尧问》）

所以，荀子正名说提出的学术背景和历史背景和孔子是非常相似的，他们都是为了要匡正当时混乱的思想信仰和社会秩序。

为了纠正当时混乱的各种学说，荀子进一步分析了"三惑"：

"见侮不辱"，"圣人不爱己"，"杀盗非杀人也"，此惑于用名以乱名者也。验之所为有名，而观其熟行，则能禁之矣。"山渊平"，"情欲寡"，"刍豢不加甘，大钟不加乐"，此惑于用实以乱名者也。验之所缘无以同异，而观其孰调，则能禁之矣。"非而谒""楹有牛"，"（白）马非马也，"此惑于用名以乱实者也。验之名约，以其所受，悖其所辞，则能禁之矣。（《荀子·正名》）

我们可以看出，"见侮不辱"和"情欲寡"似乎指向了宋钘；"圣人不爱己"，"杀盗非杀人也"及"刍豢不加甘，大钟不加乐"似乎指向了墨家；而"山渊平"则明确指向了惠施；"（白）马非马也"也明确指向了公孙龙。荀子认为他们或是在用名来乱名，或是用实乱名，又或用名以乱实。比方说，"见侮不辱"就是一种没有遵循论辩适当标准的言论。荀子在《正论》篇又重点讨论了宋钘的这一问题。

子宋子曰："见侮不辱。"
应之曰：凡议，必将立隆正然后可也，无隆正则是非不分而辨讼不决。故所闻曰："天下之大隆，是非之封界，分职名象之所起，王制是也。"故凡言议期命，是非以圣王为师。而圣王之分，荣辱是也。

是有两端矣。有义荣者，有执荣者；有义辱者，有执辱者。志意修，德行厚，知虑明，是荣之由中出者也，夫是之谓义荣。爵列尊，贡禄厚，形执胜，上为天子诸侯，下为卿相士大夫，是荣之从外至者也，夫是之谓执荣。流淫污僈，犯分乱理，骄暴贪利，是辱之由中出者也，夫是之谓义辱。詈侮捽搏，捶笞膑脚，斩断枯磔，藉靡舌举，是辱之由外至者也，夫是之谓执辱。是荣辱之两端也。

故君子可以有执辱，而不可以有义辱；小人可以有执荣，而不可以有义荣。有执辱无害为尧，有执荣无害为桀。义荣执荣，唯君子然后兼有之；义辱执辱，唯小人然后兼有之。是荣辱之分也。圣

王以为法，士大夫以为道，官人以为守，百姓以为成俗，万世不能易也。(《荀子·正论》)

荀子认为，在讨论中我们必须要有一种恰当的标准，而且要关注不同术语之间的区别和各自的特定含义。事实上，在荀子看来，荣和辱都有各自的类别。荣有"义荣""执荣"；辱有"义辱""执辱"。这里的"侮"就是一种"执辱"，如果后面一个"辱"也是指"执辱"，那"见侮不辱"这句话就不正确了。所以，明确"辱"本身的差别会有助于对"辱"本身的价值划分；相反，如果对"辱"本身没有进行详细的划分和区别，就会产生价值观上的混乱。再比方说，"情欲寡"就明显是一种不符合现实的说法。我们都知道，人生来就有欲望，人的欲望在没有得到节制以前，是不可能变少的，所以这种说法与我们现实的生活经验相悖。在这种思想的指引下，就必然造成对于现实社会和政治秩序的错误结论。如果人的情欲本来就少，我们就不需要设置如此多的礼仪规范去约束这种欲望。但现实告诉我们，人的情欲如果不通过礼仪规范来加以规范疏导，就会泛滥成灾，造成社会秩序的混乱和政治上的无政府状态。所以，宋钘的这一前提从一开始就是错误的。荀子从他的这一前提出发，进而批判他的政治与社会理论，可谓入木三分。而第三种错误理论中的"(白)马非马也"则是一种在语言上的游戏，这本身就是一种对语言的滥用。

那么，在荀子眼中，应当如何"正名"呢？荀子说：

然则何缘而以同异？曰：缘天官。凡同类同情者，其天官之意物也同，故比方之疑似而通，是所以共其约名以相期也。形、体、色、理，以目异；声、音、清、浊、调竽、奇声，以耳异；甘、苦、咸、淡、辛、酸、奇味，以口异；香、臭、芬、郁、腥、臊、洒、酸、奇臭，以鼻异；疾、痒、沧、热、滑、铍、轻、重，以形体异；说、故、喜、怒、哀、乐、爱、恶、欲，以心异。心有征知。征知，则缘耳而知声可也，缘目而知形可也。然而征知必将待天官之当薄其类，然后可也。五官薄之而不知，心征之而无说，则人莫不然谓之不知。此所缘而以同异也。(《荀子·正名》)

这就是通过人的感官来认识各种具体事物的特征，从而对它们进行分类、命名。很明显，这是一种强调经验主义的认识论，主张通过对客观世界的感性认知来获得对于事物的各种观念，从而成为命名的基础。然后，心有认知事物的能力。通过感性认知得来的经验必须要经过心的理性认知能力才能成为客观有效的知识。五官和心在认知事物的过程中是互相依赖的，五官得来的感性经验必须要经过心的推论和判断才能成为客观知识；而心也必须要依靠五官来获得感性经验，才能发挥自己的推论和判断功能，形成客观知识。这是荀子所描述的一种理想认知状态。但在现实中，人往往因为囿于自己的成见而不能如此客观地认识事物，从而出现对事物的不同认识和命名，那又该怎样做呢？荀子说："实不喻，然后命；命不喻，然后期；期不喻，然后说；说不喻，然后辩。"(《荀子·正名》)

唐代的杨倞对这段话进行了解释：

命，谓以名命之也。期，会也。言物之稍难名，命之不喻者，则以形状大小会之，使人易晓也。谓若白马，但言马则未喻，故更以白会之。若是事多，会亦不喻者，则说其所以然；若说亦不喻者，反复辨明之也。[1]

---

[1] 王天海：《荀子校释》（下册），上海古籍出版社，2005年版，第909页。

这就是说，如果通过命名的方式不能使人知晓此事物，就要通过形容其形状大小等外部形态的词语来加以限定，使对此物的规定更为具体。但如果通过这些具体的词语都不能使人清楚知晓此事物，就要通过详细的说明来加以界定。如果所有这一切都还不能让人明白，那就要反复通过辨析的方式来对此事物的本质与外部特征加以说明。荀子这一命名的过程是由浅入深，由抽象到具体，逐渐深化的过程，这也符合人对外部事物逐渐认知的过程。而荀子又说：

心也者，道之工宰也。道也者，治之经理也。心合于道，说合于心，辞合于说。正名而期，质请而喻。辨异而不过，推类而不悖。听则合文，辨则尽故。以正道而辨奸，犹引绳以持曲直。是故邪说不能乱，百家无所窜。有兼听之明，而无奋矜之容；有兼覆之厚，而无伐德之色。（《荀子·正名》）

由此可见，在荀子看来，正名的原则就在于道，这就是融合了各种学派知识而又以儒家教义为贯穿主线的道。通过遵循这种道，思想信仰才能得到矫正，各种学派的思想才能兼容并蓄，而不会有任何偏见。在这个过程中，心是主要的因素。通过心的认知作用，道才能得于心，道得于心才能使言语和语词分别获得正确的引导，从而形成正确的语言。

正确思想信仰的建立需要正名，良好的社会秩序同样也需要通过正名的方式来获得。荀子说：

异形离心交喻，异物名实玄纽，贵贱不明，同异不别。如是，则志必有不喻之患，而事必有困废之祸。故知者为之分别制名以指实，上以明贵贱，下以辨同异。贵贱明，同异别，如是则志无不喻之患，事无困废之祸，此所为有名也。（《荀子·正名》）

荀子认为，只有通过正名的过程，使得上下等级差别确定，才能维护良好的社会秩序。这和孔子正名思想的初衷是一致的。他们都主张通过确定社会的等级秩序，使各种在等级上的名称获得现实上的认同，从而矫正那种有名无实、名实不符的现象。正如冯耀明先生分析的那样："而荀子之提出正名及重新制名之理想，基本上和孔子的精神是一致的，即由正名及制名以使权分、理分得到正确的划分，从而重建一套生活的秩序，亦即礼乐制度是也。"[1]

---

[1] 冯耀明：《荀子的正名思想》，载《哲学与文化》第十六卷第4期，1989年4月，第250页。

第四章
治国思想的具体应用

中国古代的思想家,无论是儒家、道家还是墨家,都不仅在理论上对社会和人生问题做出了自己的独特解释,更为重要的是将这些理论付诸实践,从而构建他们理想中的社会和国家。哲学思想并不能脱离现实。哲学思想就像是春天盛开的绚烂花朵,可如果它脱离了赖以生长的土壤,就必然会枯萎和凋落。"知行合一",此之谓也。

一、王霸兼用

关于王和霸的争辩一直是早期儒家哲学所关注的重心。尽管孔子希望一个统治者能够培养自己成为仁爱的君主,但他也注意到成为一个仁爱圣王的难度。他说:"如有王者,必世而后仁。"(《论语·子路》)修身以成仁是一个需要在很长时间内努力实践的艰苦过程,而这一过程很难在一个人有限的生命中完成。因此,对孔子来说,甚至是古代的统治者,如尧和舜,也很难称作"仁"或"圣"(参见《论语·雍也》)。孔子也否认自己是一个圣人。他说:"若圣与仁,则吾岂敢?抑为之不厌,诲人不倦,则可谓云尔已矣。"(《论语·述而》)既然实现仁和成就圣人的过程如此艰难,那为什么孔子还能坚持追寻这一目标呢?对孔子来说,道德和政治的最终理想就是将道德修养与国家治理结合在一起。尽管实现这一目标的过程充满了艰难险阻,路途遥远而不知其最终结果,但实现圣王的过程本身就是很可贵的,因为它积累了很多宝贵的经验,而这些经验可以被看作是对自我的持续发展和完善。对孔子来说,最重要的事情不在于最终结果,而在于过程本身。

孔子并没有期待每一位统治者都能成为圣王。他甚至承认那些被后世儒者斥责为霸的统治者(霸通过军事掠夺和明智的同盟而获得大量土地)正是以他们自己的方式成为好的君主。这其中一例便是齐桓公,他被管仲辅佐从而成为春秋五霸之一。与孔子相比,孟子对待霸的态度似乎不那么灵活。孟子强调说,好的政府只在于王而不在于霸。

以力假仁者霸，霸必有大国；以德行仁者王，王不待大。汤以七十里，文王以百里。以力服人者，非心服也，力不赡也；以德服人者，中心悦而诚服也，如七十子之服孔子也。(《孟子·公孙丑下》)

对孟子来说，统治者必须要培养自己成为足够仁慈的人才能影响、转化人民的道德，他也才能成为真正的王。否则，如果一个不道德的统治者只是使用暴力来掠夺其他人民的土地，他就不能使人民心甘情愿地臣服于他。孟子甚至认为管仲的成就是微不足道的。(参见《孟子·公孙丑上》)孟子谴责五霸是三王的冒犯者，因为他们只使用暴力去攻击其他国家而不在治理国家中推展仁政。但五霸也要比他那个时代的诸侯强得多，因为他们至少遵守盟约，制止邪恶和不道德的行为以维护国家之间的和平，然而这一时期的诸侯们则违背盟约，无休无止地互相攻击对方。(参见《孟子·告子下》)"霸者之民驩虞如也，王者之民皞皞如也。杀之而不怨，利之而不庸，民日迁善而不知为之者。夫君子所过者化，所存者神，上下与天地同流，岂曰小补之哉？"(《孟子·尽心上》)尽管在霸统治下的人民也可能会受益于霸，但他们不能拥有那种在王的统治下才有的道德转化。但孟子对这个问题的观点并不总是一致，他似乎也为霸保留了一些道德培养的空间。孟子说："尧舜，性之也；汤武，身之也；五霸，假之也。久假而不归，恶知其非有也。"(《孟子·尽心上》)在《梁惠王》一章中，孟子还试图说服梁惠王和齐宣王与普通人民分享自己所拥有的物质利益和其他利益，即使他们自己也希望拥有这些物质利益。(参见《孟子·梁惠王上》、《梁惠王下》)对孟子来说，即便一个统治者在私欲上是不道德的，只要他肯与普通民众共享他的物质利益，他就能被转化成为一个仁爱的君主。

荀子认为，既然人性是恶的，那么统治者在这个方面也同样没有例外。在这个意义上,我们最好现实一些,而不要对统治者期待过多。这就导向了一种对霸的积极态度。荀子在他一生的不同阶段,对王霸的问题有两种观点。在写作《仲尼》篇时,荀子好像只主张王而谴责霸。荀子说:"仲尼之门人,五尺之竖子,言羞称乎五伯。是何也?曰:然!彼诚可羞称也。"(《荀子·仲尼》)因此,在此时,荀子是谴责霸的,因为霸在治理国家时不遵循道德原则。这样,荀子就与孟子完全一致,孟子也拒绝与齐宣王讨论霸,因为孔子的追随者没有一个人会愿意谈论他们。此时,荀子宣称可以成为统治者榜样的是"王"。荀子说:"彼王者则不然:致贤而能以救不肖,致强而能以宽弱。"(《荀子·仲尼》)在荀子的早期观点中,只有统治者遵循着道德原则和儒家之道,才能被看作是王,才有可能成为所有统治者的道德模范。

荀子的后期经历和政治时局的变动使他对于"霸"的思考愈加成熟,进而对"霸"持一种更加肯定的态度。在《王霸》篇中,荀子首先区分了三类统治者:"故用国者,义立而王,信立而霸,权谋立而亡。"(《荀子·王霸》)在荀子看来,一个能够将礼诉诸政治实践的统治者可以被看作是王。这类统治者是荀子的政治和道德理想,而这一理想的现实原型就是商汤和周武王。然而,即便一个统治者不能按照礼的原则来行动,只要他能在一个国家中建立统治秩序并在友邦中建立相互的信任,也能被看作是霸。荀子说:"德虽未至也,义虽未济也,然而天下之理略奏矣。……虽在僻陋之国,威动天下,五伯是也。"(《荀子·王霸》)对荀子来说,尽管春秋五霸没有达到统治者所需要的最高美德,但通过在友邦之间建立相互的信任并壮大自己的国家,他们也能使自己的子民受益。这里,荀子并没有谴责五霸或是否认他们的功绩。荀子只是谴责了第三类统治者,这类统治者一点也不能使人民受益。

在《强国》篇,荀子结合王与霸的区分讨论了秦国的局势。当被问及他对秦国的印象时，荀子首先称赞秦国"其固塞险，形势便，山林川谷美，天材之利多，是形胜也"，并且更为重要的是：

入境，观其风俗，其百姓朴，其声乐不流污，其服不佻，甚畏有司而顺，古之民也。及都邑官府，其百吏肃然，莫不恭俭、敦敬、忠信而不楛，古之吏也。入其国，观其士大夫，出于其门，入于公门；出于公门，归于其家，无有私事也；不比周，不朋党，偶然莫不明通而公也，古之士大夫也。（《荀子·强国》）

然而，在肯定了秦国政府的一系列政绩后，荀子批评秦国缺乏儒者："则其殆无儒邪！故曰粹而王，驳而霸，无一焉而亡。此亦秦之所短也。"（《荀子·强国》）因此，秦国的缺点在于它没有将儒家之道应用于统治中。这样，荀子当然认为王要比没有经过儒家道德培养的霸更加令人敬仰。然而，霸也在战国后期为时代所亟须，因为他能为人民提供一个稳定的社会和国家。事实上，在荀子看来，霸也许是在战国后期实现王政的准备阶段。正如前面所分析的那样，在霸的基本统治原则——法的指导下，人民也可能被转化为道德的。这样，荀子就发现了一条实现儒家政治理想——王政的创新途径。这是对儒家政治教义的重要贡献。

与孟子相比，荀子为那些道德不够完善但却能施惠于人民的统治者保留了一些空间。这就是说，礼和法应当被同时强调为统治的原则。只有当社会和国家变得稳定并且有秩序时，人民才有可能进行道德修养以趋向仁这一最终道德理想。在荀子的时代，没有霸的统治，一个国家就不能在乱世生存，更不用说统一整个帝国。另外，通过霸的统治，人民也能够从国家的强盛和繁荣中获得利益。这不是对孔子思想的完全偏离，因为孔子本人对齐桓公和管仲就持一种相对宽容的态度。

由于荀子和商鞅都认为人性好利,他们都强调法律在控制人性和创建秩序化社会中的重要作用。商鞅说:"故明主慎法制。言不中法者,不听也;行不中法者,不高也;事不中法者,不为也。"(《商君书·君臣》)荀子也说道:

修法则、度量、刑辟、图籍、不知其义,谨守其数,慎不敢损益也;父子相传,以持王公,是故三代虽亡,治法犹存,是官人百吏之所以取禄秩也。(《荀子·荣辱》)

因此,荀子有可能在这方面受到商鞅的影响。然而,商鞅主要关注的是怎样设计出某种类型的法律和规范系统来统治和驾驭人民,而不是将他们培养成为有道德的人。对荀子来说,即便我们可能会通过法律系统获得一个秩序化的社会和稳定的国家,如果我们没有道德修养,就不能建立最高层次的仁政。而当礼和法并用时,它们首先会指导人民什么应该做,什么不应该做;然后它们在经历一段时间之后会将人民转化成为道德的。在这一方面,荀子不同于商鞅。

对商鞅来说,一旦政府能够充分地执行法律和规定,人民也能够遵循政府制定下的规章制度,这个政府就能被称作是好的政府。在这个意义上,人民的地位不如政府和法律的地位重要。事实上,人民甚至可能被看作是政府集中国家权力和增加财富与军事力量的工具。(参见《商君书·说民》)

然而,荀子在仁政的问题上持有不同观点。对荀子来说,法律和规章制度并不是统治的全部内容;实际上,除了法律和规章制度,礼也应该被强调为统治的基本原则。对荀子来说,礼能够转化人类的情感和欲望,使之成为道德的源泉。事实上,即便对于法来说,荀子也强调了它转化人性成为道德的可能性。所以,对荀子来说,一个好的政府不仅表现在用礼和法能带来良好的社会秩序,更表现在对人民所进行的道德转化。

一些人也许会错误地认为,荀子由于将法律引入他的仁政理论当中从而使儒家走向法家。然而,他们没有意识到在《荀子》的语境中,法律的目的是服务于人道主义。这与商鞅形成鲜明的对比,仁爱对荀子来说是最终的目的,而法律和规则仅仅是工具。根据他们不同的关注点,我们可以有把握地说,荀子保持了儒家而不是法家的传统。事实上,荀子通过结合法家的一些要素来发展儒家思想。

当我们细读《商君书》时,我们就会发现荀子关于"霸"的思想似乎也能在这本书中找到回音:"故三王以义亲,五霸以法正诸侯,皆非私天下之利也,为天下治天下。是故擅其名,而有其功,天下乐其政,而莫之能伤也。今乱世之君臣,区区然皆擅一国之利,而管一官之重,以便其私,此国之所以危也。故公私之交,存亡之本也。"(《商君书·修权》)这样,在商鞅看来,王和霸在统治中都有共同的优点,那就是,对整个国家而不是对他们自己的关切。在他们中间,王以义来统治,而霸以法来统治。尽管他们在选择统治方式上不同,但他们的目的是相似的。那就是,维护一个秩序化的社会和好的政府。对商鞅来说,需要避免的是那种只为自己谋取私利的统治者。荀子在王霸的问题上与商鞅极其相似,因为他认为不仅王,而且霸也应该是一种正确的统治之道。对荀子来说,负面的例子是那些"权谋立"的统治者。这种统治者类似于商鞅所谴责的"区区然皆擅一国之利,而管一官之重,以便其私"的统治者。

荀子关于王霸的思想对汉代的王霸兼用、德刑相辅的统治方略产生了重要影响,为汉代长达几百年的统治奠定了坚实的理论基础。汉初景帝对七国之乱的处理方式就带有典型的王霸兼用的特点。

公元前177年,济北王刘兴居乘文帝击匈奴之机,发动武装叛乱。三年之后,淮南王刘长又步刘兴居后尘。这两处叛乱虽然被平定，但拥有五十三城的吴王刘濞又露出不臣的形迹。面对地方割据势力日益强大的问题，贾谊给汉文帝上了有名的《治安策》，提出了"众建诸侯而少其力"的主张。文帝按照这个建议把一些诸侯国分成小块，又把自己的儿子封在梁国，作为屏障。景帝时，吴王刘濞叛乱的形迹更加明显。于是，御史大夫晁错建议削夺诸侯王的封地。景帝采纳了晁错"削藩"的建议，开始削夺王国的一部分土地，划归中央直接管辖，吴楚等七国终于在公元前154年举兵叛乱。吴王濞联合了胶西王、楚王、赵王、济南王、菑川王及胶东王，借口"请诛晁错，以清君侧"，共同起兵。然而，七国之乱经过三个月就被平定了。自此之后，汉代进入了相对稳定的发展时期。中元五年（公元前145年），景帝"抑损诸侯，减黜其官"，改诸侯国丞相为相，废除其御史大夫、廷尉等官，对大夫以下的其他官吏也予以裁减。把诸侯国的行政权和官吏的任免权全部收归中央，地方诸侯不能掌握军队。从此以后，诸侯国实际上变成了和中央直接统辖的郡一样的地方组织。

我们可以看到，汉景帝并没有通过道德来感化七国的诸侯王，而实际上，七国的诸侯王也根本不可能被道德所感化（即便在晁错被杀的情况下，七国诸侯王依然反叛）。在这种情况下，就不能使用王政的策略，而要使用雷霆手段，坚决打击反叛者，维护国家的统一。虽然发动战争对人民生活和社会秩序肯定会有很强的破坏作用，但这种战争是为了从根本上更加维护人民的实际利益而发动的，因而是合乎荀子所说的"霸"政特点的。

二、忠与孝、法与情

在孔子眼中,"孝"不仅是与人的情感道德相关的伦理规范,更是与政治、社会相关的儒家核心价值观。《论语》中有这样一段话:"季康子问:使民敬、忠以劝,如之何?"子曰:"临之以庄则敬,孝慈则忠,举善而教不能,则劝。"(《论语·为政》)在这里,"孝"与"忠"联系在一起,这就使得伦理与政治紧密相连。这是儒家伦理政治学的显著特点。由对父母的"孝"衍生出对上司、上级的忠诚,这样的社会国家才会稳定。"孝"本身蕴含着一种等级差别,这种等级差别或许在家庭中表现得并不明显,但如果将之投射到社会中去,则表现得分外明显。《论语》中紧接着这段话又有一段关于"孝"与政治联系的话语:

或谓孔子曰:"子奚不为政?"子曰:"书云:'孝乎!惟孝友于兄弟,施于有政。'是亦为政,奚其为为政?"(《论语·为政》)

在这段话中,孔子更加清楚地点明了"孝"与现实政治的联系。孔子认为,只要将对父母的孝敬和兄弟的友爱推展至政治上,就能成就仁政的理想。李泽厚先生认为,这种儒学的"修身、齐家、治国、平天下"的观点有其真实的历史渊源,即来源于"氏族—部落—部族—部族联盟"这一政治秩序。在这种政治秩序下,以父子关系为核心的父系氏族中的首领需要首先取得本部族的承认。正因如此,

"孝"才成为这种氏族政治的根本。[1] 李先生的这一观点也许需要得到更多历史学乃至考古学的证据才能完全成立,但从学理的角度上讲,这一观点的确颇有道理。

与孔子相似,孟子也认为"孝"与政治紧密相连。孟子说:

王如施仁政于民,省刑罚,薄税敛,深耕易耨;壮者以暇日修其孝悌忠信,入以事其父兄,出以事其长上,可使制梃以挞秦楚之坚甲利兵矣。(《孟子·梁惠王上》)

在这里,孟子强调人们在家里要孝顺父母,敬爱兄长,在社会上要待人忠诚守信。这样,将这种个人的道德应用于朝廷之上,用来服侍君主,就可以建立强大的国家。孟子在这里表达的同样是家国一体的儒家政治理想。

然而,孔子和孟子的这种伦理学与政治学相交融的观点无限放大了内心情感与道德的功能,他们认为这种内心情感和道德只要能被延展至政治领域,国家就会长治久安。这就必然淡化对政治领域自身规律和范畴的理解。事实上,政治领域有其自身的规律,它包含了很多自身特有的功能和运转方式。比方说,法就是政治领域不可缺少的重要因素。孔子说:"父在,观其志;父没,观其行;三年无改于父之道,可谓孝矣。"(《论语·学而》)又说:"不改父之臣,与父之政"。(《论语·子张》)这就是说,孝子不能轻易地更改父亲所制定下来的路径和方向。这似乎是将基于爱的"孝"置于一种至高无上的地位,远远高于对其他政治要素的考量。而在一段与叶公的对话中,孔子甚至认为一个正直的人就应当隐瞒他父亲偷羊

---

[1] 李泽厚:《论语今读》,三联出版社,2004年版,第71~72页。

的罪行。[1]这一行为也很显然将法律的地位淡化了。让我们再看看那段孔子与宰我的对话，在那段对话中，孔子也认为在"三年之丧"和从事其他礼乐之间，应当选择"三年之丧"这一代表孝道的行为。在这里，孔子其实并不是否认宰我所说的其他礼乐的重要性，孔子一生的奋斗目标之一就是要恢复周礼，而且行孝的一个重要方面就是要遵循礼制。(《论语·为政》)然而，在孔子看来，礼乐本身只是一种工具，它本身只是为培养人的内心情感和道德服务的。如果自己内心对待父母的道德情感已然丧失，那么即便宰我去从事其他礼乐活动，又有何意义呢？况且"三年之丧"本身就是礼乐的一种，而且是最核心的内容。所以，孔子认为宰我的"三年之丧会荒废礼乐"只是一种逃避孝道的借口。但是，我们尽管可以认可孔子的解释，但宰我的开脱也似乎有一定道理。礼乐虽然是外在的形式，但如果外在形式在很长一段时间内都不被遵循，仁爱也无从培养。而且，如果只注重对父母的孝道，难道对其他礼仪就可以荒废吗？所以，这段话我们要分两个角度来看：在孔子看来，与对父母的情感回报相比，从事其他礼乐似乎就显得不那么重要了；但对宰我来说，与对父母的情感回报相比，从事其他礼乐同样重要。因此，有学者认为，虽然孔子的孝道作为起始点不仅是为了遵守某种道德规范，而且也为更加有价值和重要的道德观念的塑造创造了基础和条件，但是恰恰是这种对孝的极端重视导致了在孝道和其他道德规范发生冲突时，孔子会首先选择遵循孝道而使其他的道德规范让位。这对道德规范的整体培养来说十分不利。[2]

孟子也探讨了在"孝"的前提下对待自己父母态度的问题。他

---

[1] 见《论语·子路》。

[2] Liu Qingping, "Filiality Versus Sociality and Individuality: On Confucianism as 'Consanguinitism'", *Philosophy East and West*, Vol. 53, no. 2, 2003, p.237.

说:"天下大悦而将归己,视天下悦而归己,犹草芥也,惟舜为然。不得乎亲,不可以为人;不顺乎亲,不可以为子。舜尽事亲之道而瞽瞍厎豫,瞽瞍厎豫而天下化,瞽瞍厎豫而天下之为父子者定,此之谓大孝。"(《孟子·离娄上》)孟子认为,人如果得不到父母的欢心,便不可以做人;不能顺从父母的旨意,便不能做儿子。舜就是先取得他父亲瞽瞍的欢心,才成就了大孝。孟子这种对"孝"的定义强调的是子女对父母的绝对顺从。只有子女对父母绝对顺从,才可以称作大孝。比孔子更进一步,孟子认为真正大孝的人不仅应该隐瞒父亲的罪行,而且即便在父亲杀了人的情况下,也应该"窃负而逃,遵海滨而处,终身䜣然,乐而忘天下"[1]。在法律和亲情的面前,真正大孝的人应当选择亲情。对这一案例,刘清平先生也曾作过详细的分析,现摘录一段他的话于下:

在案例一中,舜的行为显然是把父子亲情摆在至高无上的位置,不仅将它凌驾于社会生活的法律规范之上,而且也将它凌驾于儒家的仁政理想之上,以致为了营救自己的亲生父亲,不惜牺牲正义守法的普遍准则,放弃"为民父母"的天子使命,最终在"终身䜣然"中"乐而忘天下"。很明显,孟子之所以称赞舜的这种违背人类行为的几乎所有规范(包括儒家主张的仁义规范)的举动,只可能有一个理由:它完全符合儒家坚持的"父子相隐"精神,甚至可以说达到了"父不慈子也孝"的极端。[2]

---

[1] 见《孟子·尽心上》。

[2] 刘清平:《美德还是腐败?——析〈孟子〉中有关舜的两个案例》,载郭齐勇主编:《儒家伦理争鸣集——以"亲亲互隐"为中心》,湖北教育出版社,2004年版,第892页。

但有些学者[1]并不这样认为，他们认为孟子并不主张对父母的绝对顺从，理由是《孟子·告子下》中的一段话："亲之过大而不怨，是愈疏也；亲之过小而怨，是不可矶也。愈疏，不孝也；不可矶，亦不孝也。"这段话是说父母的过错大，却不抱怨，是更疏远父母的表现；而父母的过错小，却去抱怨，是反而激怒自己。更把父母疏远是不孝，反而使自己激怒也是不孝。此学者认为既然孟子认为子女可以去抱怨父母，那就意味着孝并不总是绝对顺从。这一观点似乎有一定道理，然而细查则有断章取义之嫌。我们要结合更多《孟子》中的文本才能认清这个问题的实质。实际上，孟子所说的对父母的抱怨并不意味着对父母的不顺从。结合孟子对杀人父亲的包庇态度，即便会有对父亲的抱怨，也并不意味着会将父亲举报给官府或将之逮捕。在这里，问题的关键在于孟子认为父母和子女之间即便有再大的问题，也是小问题，是内部的问题，子女可以抱怨自己的父母，但绝对不能将父母置于法律的刀俎之下。这样，在维护孝道与恪守法律之间仍然存在着根深蒂固的矛盾。

孔子对"孝"情感性一面的过分强调和孟子的对父母绝对服从的"孝"在现实中往往会造成两难局面：如果选择"孝"，那么就有可能违反礼制或法律规定；而如果完全遵从礼制或法律，那就有可能违反"孝"的原则。这样，在个体私德与社会公德之间存在着一种张力，这使得个体在面对二者的选择时不知道何去何从。是应该对父母绝对服从，还是应该"忠孝两难全"？在这个问题上，法家对儒家提出了批评："鲁人从君战，三战三北，仲尼问其故，对曰：'吾有老父，身死莫之养也。'仲尼以为孝，举而上之。以是观之，夫父之孝子，君之背臣也。"（《韩非子·五蠹》）这样看起来，忠孝

---

[1] A. T. Nuyen, "The Contemporary Relevance of the Confucian Idea of Filial Piety", *Journal of Chinese Philosophy*, Vol. 31, no. 4, 2004, p.435.

之间的矛盾似乎根本无法解决。如果选择对父母的绝对服从,那就无法实现对君主的忠诚;而如果服从象征社会公德的君主,那就无法实现对父母的孝。面对这一问题和来自法家的挑战,儒家应当如何回应并加以解决呢?

在探讨荀子的解决策略之前,我们不妨先看一个《左传》中的故事。

在《左传·隐公》中有这样一个故事:郑武公有两个儿子,一个是郑庄公,另一个是共叔段。郑庄公后来成为郑国的国君。然而,他们的母亲姜氏喜欢共叔段而不喜欢郑庄公。于是,在母亲的支持下,共叔段不断扩大自己的势力,从而形成对郑庄公的极大威胁。郑庄公的臣子不断劝他灭掉共叔段,以除后患。但郑庄公考虑到母亲的想法,还是放弃了攻击共叔段的想法。而后,共叔段和姜氏想里应外合,攻击郑国的都城。这时,郑庄公终于起兵攻击共叔段,使其逃亡。而最后,郑庄公也把他的母亲安排到一个地方,并发毒誓不到黄泉不相见。事后,郑庄公为他所发的毒誓后悔,但也无可奈何。这个时候,一个臣子对庄公建议挖掘一条隧道,使庄公和他母亲在隧道中见面。这样,既可以不违反庄公的毒誓,也能够了结庄公想尽孝的意愿。最后,庄公和母亲在隧道中见面,重归于好。[1]

这个故事也许为解决上面的问题提供了一种思路,即在对父母行孝时,也不能不考虑到其他的原则或因素。如果对父母绝对服从的结果会带来国家的灭亡或对国君的不忠,那就不能完全听从父母的命令。所以,在行使"孝"原则的同时,我们必须要考虑到其他也许更重要的因素或原则的影响。事实上,正如《战国策》中的苏秦所言,如果一个人只专注于做一种道德性为而忽略了其他需要自己承担的义务(包括道德和政治任务),那就是所谓的"自覆之术",

---

[1] 见杨伯峻:《春秋左传注》(第1册),中华书局,1990年版,第9~16页。

而不是他所说的"进取之道"。[1]

荀子在《子道》篇开篇就说:"入孝出弟,人之小行也。上顺下笃,人之中行也;从道不从君,从义不从父,人之大行也。若夫志以礼安,言以类使,则儒道毕矣。虽舜不能加毫末于是矣。孝子所以不从命有三:从命则亲危,不从命则亲安,孝子不从命乃衷;从命则亲辱,不从命则亲荣,孝子不从命乃义;从命则禽兽,不从命则修饰,孝子不从命乃敬。故可以从而不从,是不子也;未可以从而从,是不衷也;明于从不从之义,而能致恭敬、忠信、端悫、以慎行之,则可谓大孝矣。"(《荀子·子道》)

在这里,荀子清楚地点明了"从道不从君,从义不从父"的主张,这就将"道"和"义"置于"君"和"父"之上。也就是说,孝子在做一件事之前,首先应该考虑的是大道和大义,只要这件事符合了大道和大义,那么即便违反了父命,也应该被认作是大孝。这样,荀子对"孝"的定义与孔孟颇有不同:在孔孟看来,子女应当对父母绝对顺从,即便他们违反法律的规定——这便是最大的"孝";但在荀子看来,我们不应当以对父母顺从与否为标准判断一个人是否"孝",在道义和亲情的面前,我们应当选择道义。这样,荀子在个体道德和社会公德的问题上,首先明确了社会公德应该成为指导个体道德标准的立场。也就是说,"孝"这一概念在荀子这里已经被道义所统摄,这个"孝"虽然还带有父子亲情关系的情感色彩,但其本质特征似乎已经发生改变。在荀子的语境中,一个人被认作孝,便是既符合人伦之孝,又符合道义之孝。

---

[1] 在这里,"自覆之术"是指为追求个人名声而做事情。苏秦在这里针对的是儒家的道德修养中为追求个人名声的做法。虽然苏秦的指责过于偏颇,但儒家的"孝"如果界定不确,的确会被人用来博取功名,例如汉代以"孝"博功名者甚多。参见《战国策校注》(卷第九),《四部丛刊·史部》。

第四章 治国思想的具体应用

在这个意义上，荀子又进一步提出孝子三不从命的原则，这对破除愚孝，充实和丰富儒家忠、孝、仁、义之学说具有重要意义。[1] 在《子道》篇中还有一段话，是荀子假借孔子之口，说出了他对孝的看法。文中是这样说的：

鲁哀公问于孔子曰："子从父命，孝乎？臣从君命，贞乎？"三问，孔子不对。孔子趋出以语子贡曰："乡者，君问丘，曰：'子从父命，孝乎？臣从君命，贞乎？'三问而丘不对，赐以为何如？"子贡曰："子从父命，孝矣；臣从君命，贞矣，夫子有奚对焉？"孔子曰："小人哉！赐不识也！昔万乘之国，有争臣四人，则封疆不削；千乘之国，有争臣三人，则社稷不危；百乘之家，有争臣二人，则宗庙不毁。父有争子，不行无礼；士有争友，不为不义。故子从父，奚子孝？臣从君，奚臣贞？审其所以从之之谓孝、之谓贞也。"

在这段话里，孔子认为"子从父命"不一定就是孝，"臣从君命"不一定就是贞或忠。国家如果有"争臣"——也就是所谓谏诤之臣，国家就会政治清明，繁荣昌盛；家中如果有"争子"，父亲就不会行无礼的事；士人如果有"争友"，就不会做不义的事。所以，看一个人是否"孝""贞"或"忠"，就要看他所以从父、从君之理。杨倞在这里注曰："审其可从则从，不可从则不从。"[2] 所以，荀子认为子从父、臣从君需要一定的前提条件，那就是要看父命和君命是否合乎一定的道理，如果合乎道理就遵从，如果不合乎道理，那就不能遵从。然而，不遵从父命和君命也并不一定就是不孝、

---

[1] 见王天海：《荀子校释》（下册），上海古籍出版社，2005年版，第1127页。

[2] 杨倞注：《荀子》，见《四部丛刊·子部》。

不贞或不忠，只要这种行为符合一定的道理，那就还是"孝""贞"或"忠"。这反倒是对"孝"和"忠"定义的进一步深化和发展，使得"孝"和"忠"在不同的条件和境况下具有不同的内容。这样，忠孝之间的矛盾就得以解决了：即便一个人举报自己父亲犯罪的事情看似是不孝的行为，但他其实是在维护自己对国君或法律的忠诚，而这种看似不孝的行为也并非是将"孝"完全置于"忠"的统摄之下，其实，在"孝"与"忠"之上，还有道义的原则。在荀子看来，只要符合道义的原则，这种行为就能够称之为孝行。同样的道理，在忠君的问题上，如果君主行不义之事，做臣子的就要秉持道义的原则去劝谏，而不能完全听从君主的命令。这种符合道义原则的劝谏行为同样可视为忠君之举。在这个意义上，荀子解决了孔孟在忠孝问题上遇到的困境，并成功应对了来自法家的挑战。[1]

荀子并不十分强调由"孝"到"忠"的转变。在他看来，"孝"已然是一种礼仪的规范，并具有一定的强制性。在这个前提下，"孝"与"忠"都成为礼所涵盖的内容，因而，它们之间的相互关联及衍生关系也不那么明显。孔子和孟子则对由"孝"推衍出"忠"，乃至政治昌明、社会稳定十分有信心，他们都认为各种道德品质之间是相通的。一个人在家庭里为人孝悌，那么他在社会上也不会成为不稳定分子。当然，这一观点有其一定的合理性。但这一观点是基于人们愿意把对自己父母和兄弟的"孝"与"悌"推展开来，惠及社会中的各色人等这一理论前提。这一观点本身就有一定的理想性。

---

[1] 有学者认为荀子重君甚于重父，因而荀子的孝道是为了助成专制统治。这种观点其实是对荀子的一种误解。实际上，荀子认为对君主，臣子应当成为谏诤之臣，而不应当一味顺从君主。对荀子来说，更重要的是遵循道义的原则，而不是君主的命令。关于这一学者的观点，请参见肖群忠：《中国孝文化研究》，台北五南图书出版股份有限公司，2002年版，第55页。

一个人对待自己的家人可能还能够做到"孝"与"悌",但在对待他人时,也能够这样吗?他能以忠事君,以义交友吗?这些问题在孔子和孟子的文本中都很难找到满意的答案。但是,不同于孔子和孟子,荀子认为,与其我们单纯地期望人们主动自觉地将"孝""悌"推展至社会中的各色人等,不如我们用一种礼和义的规范来约束人们的行为,使之能够达到礼义的要求,从而能够做到以孝事亲、以忠事君、以义交友。这是一种外在的途径,通过外在的礼义规范将"孝"这一观念规范化和具体化,从而成为人们可以依行的标准。这一方案比起孔孟的来说要更具有现实性和可操作性,也彻底实现了"孝"这一道德原则制度化特征的一面。荀子对孝的制度化界定使得后代在法律的制定上也考虑对孝的具体规范。比方说,"法律系统对家庭关系和孝给予特别关注。不可饶恕的十宗罪之一便是不孝的行为。另外一种是谋杀一个人的父母。……同样地,在跟父母保持敬重态度的条件下,一个儿子将会因为虐待他的父亲而遭受惩罚"[1]。

荀子在这里似乎强调了孝的规范性一面,但这规范性的一面是不是与前面所讲的不遵从规范也可能为孝相互矛盾呢?其实,在荀子看来,这两个方面并不矛盾,孝虽然有其规范性和强制性的一面,但它并不会因此而变得僵化,只要求子女对父母的愚忠愚孝,因为这其中还有"义"的作用。"义"起着很重要的调节忠孝性质和程度的功能。如果一个人做的事符合"义"的要求,那就也是忠孝;反过来,如果一个人只对自己的父母尽孝,尽管遵循了孝的规范性要求,但他也不能算作是真正的孝,因为他有可能没有遵循"义"的要求。所以,忠、孝、义三者是一个有机的整体,缺一不可。

---

[1] R.P. Peerenboom, "Law and Ritual in Chinese Philosophy", in *Routledge Encyclopedia of Philosophy*, Version 1.0, London: Routledge, 1998.

这样，我们可以看到，当儒家的治国原则在遇到家庭伦理道德时，有时会产生冲突和张力。在这种情况下，儒家采取了更为理性和务实的态度，用"义"这一概念来调节二者之间的冲突和张力，使治国原则得到遵守的同时，也能兼顾到家庭伦理道德规范的遵行。

参考书目

中文书目：

[1]　[美] 本杰明·史华兹：《古代中国的思想世界》，程钢译，南京：江苏人民出版社，2004年版。

[2]　[美] 狄百瑞：《儒家的困境》，黄水婴译，北京：北京大学出版社，2009年版。

[3]　杜维明：《东亚价值与多元现代性》，彭国翔译，北京：中国社会科学出版社，2001年版。

[4]　冯耀明：《荀子的正名思想》，载《哲学与文化》第十六卷第4期，1989年4月。

[5]　傅斯年：《性命古训辨证》，桂林：广西师范大学出版社，2006年版。

[6]　胡适：《中国哲学史大纲》，北京：东方出版社，1996年版。

[7]　孔安国：《孔子家语》，王国轩、王秀梅译注，北京：中华书局，2011年版。

[8]　李泽厚：《论语今读》，北京：三联出版社，2004年版。

[9]　梁启雄：《韩子浅解》，第1卷，北京：中华书局，1960年版。

[10]　梁涛：《郭店竹简与思孟学派》，北京：中国人民大学出版社，2008年版。

[11]　刘清平：《美德还是腐败？——析〈孟子〉中有关舜的两个案例》，载郭齐勇主编：《儒家伦理争鸣集——以"亲亲互隐"为中心》，武汉：湖北教育出版社，2004年版。

[12] 龙宇纯：《荀子思想研究》，载《荀子二十讲》，北京：华夏出版社，2009年版。

[13] 王启发：《礼学思想体系探源》，郑州：中州古籍出版社，2005年版。

[14] 王继东、杨朝明：《〈孔子家语〉对荀学研究的意义》，载《中国哲学史》，2014年第1期。

[15] 王国维：《殷周制度论》，载佛雏编：《二十世纪中国学术文化随笔大系　王国维学术文化随笔》，北京：中国青年出版社，1996年版。

[16] 王天海：《荀子校释》（下册），上海：上海古籍出版社，2005年版。

[17] 王先谦：《荀子集解》，北京：中华书局，1988年版。

[18] 肖群忠：《中国孝文化研究》，台北：台北五南图书出版股份有限公司，2002年版。

[19] 颜炳罡：《郭店楚简〈性自命出〉与荀子的情性哲学》，载《中国哲学史》，2009年第1期

[20] 杨伯峻：《春秋左传注》（第1册），北京：中华书局，1990年版。

[21] 杨伯峻：《论语译注》，北京：中华书局，1980年版。

[22] 杨伯峻：《孟子译注》，北京：中华书局，2000年版。

[23] 杨倞：《荀子》，杨倞注，上海：上海古籍出版社，2010年版。

[24] 郑玄：《十三经古注·礼记》，北京：中华书局，2014年版。

[25]《中华大藏经》编辑局：《中华大藏经》，北京：中华书局，2012年版。

[26] 朱熹：《四书章句集注》，北京：中华书局，1983年版。

[27] 朱熹：《孟子精义》，《朱子全书》（第七册），上海：上海

古籍出版社，2002年版。

英文书目

[1] Blaauw, Martijn and Pritchard, Duncan. *Epistemology A-Z*, New York: Palgrave Macmillan, 2005.

[2] Chong, Kim Chong. *Early Confucian Ethics*, Chicago: Open Court, 2007.

[3] Creel, Herrlee G. *Chinese Thought from Confucius to Mao Tse-tung*, Chicago: The University of Chicago Press, 1953.

[4] Cua, A. S. "Xin and Moral Failure: Reflections on Mencius' Moral Psychology", *Dao: A Journal of Comparative Philosophy*, Vol. 1, no. 1, winter 2001.

[5] Cua, A. S. "Xunzi", in A. S. Cua (ed.), *Encyclopedia of Chinese Philosophy*, New York: Routledge, 2003.

[6] Graham, A. C. *Disputers of the Tao*, La Salle, Ill.: Open Court, 1989.

[7] Hall, David L. and Ames, Roger T. *Thinking Through Confucius*, New York: State University of New York Press, 1987.

[8] Knoblock, John. *Xunzi : A Ttranslation and Study of the Complete Works*, Stanford University Press, Vol. 1, 1988.

[9] Lai, Karyn. *Learning from Chinese Philosophies*, Hampshire and Burlington: Ashgate Publishing, 2006.

[10] Liu Qingping, "Filiality Versus

Sociality and Individuality: On Confucianism as 'Consanguinitism'", *Philosophy East and West*, Vol. 53, no. 2, 2003.

[11] Nuyen, A. T. "The Contemporary Relevance of the Confucian Idea of Filial Piety", *Journal of Chinese Philosophy*, Vol. 31, no. 4, 2004.

[12] Peerenboom, R. P. "Law and Ritual in Chinese Philosophy", *Routledge Encyclopedia of Philosophy*, Version 1.0, London: Routledge, 1998.

[13] Shun, Kwong-loi. "Moral Psychology", in A. S. Cua (ed.), *Encyclopedia of Chinese Philosophy*, New York: Routledge, 2003.

[14] Soles, David E. "The Nature and Grounds of Xunzi's Disagreement with Mencius", *Asian Philosophy*, Vol. 9, no. 2, 1999.

[15] Tu, Wei-ming, "Confucianism", in Arvind Sharma (ed.), *Our Religions*, San Francisco: HarperSanFrancisco, 1993.